Knaur.

W0049693

Über die Autorin:
Nadja Nollau, Journalistin und Architektin, lebt und arbeitet als freie Autorin in München. Im Lauf ihrer fünfzehnjährigen journalistischen Tätigkeit fürs Fernsehen und für Zeitschriften hat sie sich auf die Themen Gesundheit, Wellness, Lifestyle und Psychologie konzentriert. Mit dem Thema »Aufräumen« beschäftigt sie sich schon lange. Sie ist u. a. Autorin des erfolgreichen Titels »Feng Shui – Du bist, wie du wohnst«, erschienen im Knaur Ratgeber Verlag.

STOP

Nadja Nollau

Schluss mit Gerümpel

Knaur Taschenbuch Verlag

Besuchen Sie uns im Internet:
www.knaur.de

Deutsche Erstausgabe Dezember 2008
Copyright © 2008 bei Knaur Taschenbuch.
Ein Unternehmen der Droemerschen Verlagsanstalt
Th. Knaur Nachf. GmbH & Co. KG, München.
Alle Rechte vorbehalten. Das Werk darf – auch teilweise – nur mit Genehmigung des Verlags wiedergegeben werden.
Redaktion: Ute Kröger
Umschlaggestaltung: ZERO Werbeagentur, München
Satz: Wilhelm Vornehm, München
Druck und Bindung: Norhaven A/S
Printed in Denmark
ISBN 978-3-426-79805-8

5 4 3 2 1

Inhalt

Vorwort

Macht eine Wohnung nach einem gründlichen Frühjahrsputz nicht sofort gute Laune? Vermittelt der ausgemistete Kleiderschrank nicht ein erfrischendes Gefühl von Leichtigkeit?

Keine Frage, aber die Realität sieht ja bei vielen ganz anders aus. Da stapeln sich Dinge in Schränken und Kommoden, die sie längst nicht mehr gebrauchen. Dazu nimmt einem der ganze Krempel regelrecht die Luft zum Atmen. Im Laufe der Jahre hat sich so viel angesammelt, dass man die Übersicht verloren hat. Wenn auch noch Unerledigtes hinzukommt, wie unbezahlte Rechnungen, ein Papierberg auf dem Schreibtisch, wächst einem leicht alles über den Kopf. Höchste Zeit, Ordnung in das Chaos zu bringen.

Richtig ausmisten: gewusst wie!

Sie haben beschlossen, auszumisten, loszulassen und Ihr Zuhause zu entrümpeln? Wunderbar! Dann legen Sie los. Leichter gesagt als getan? Keine Sorge, dieses Buch wird Ihnen dabei helfen. Sie werden staunen, wie leicht Ihnen das Ausmisten und Aufräumen von der Hand gehen wird. Folgen Sie einfach den Tipps, und dann klappt das Ausmisten wie von selbst. Denn ohne den ganzen Krempel leben Sie entspannter, schöner und glücklicher!

Von der Wirksamkeit des Ausmistens

Obwohl niemand Gerümpel mag, leben wir doch damit und richten uns sogar darin ein. Denn es kostet uns große Überwindung, das längst Überfällige und Unerledigte endlich anzupacken. Das gilt für das Ausmisten des überfüllten Kleiderschranks ebenso wie für die Erledigung längst überfälliger Aufgaben. Wie steht es denn mit Ihrem Gerümpel? Hand aufs Herz: Wann haben Sie zum letzten Mal die Ski benutzt, die im Keller verstauben? Wollen Sie die Hemden, die seit Monaten im Bügelkorb liegen, wirklich noch einmal tragen? Und was ist mit der Sammlung uralter Reiseführer und Landkarten und mit den ungeliebten Geschenken von Ihrer Tante, die Ihren Geschmack doch eigentlich nicht trifft.

> In äußeren Lebensbereichen Ordnung zu schaffen hilft auch dabei, das innere Chaos in den Griff zu bekommen.

All diese Dinge brauchen Sie nicht oder nicht mehr. Sie benutzen sie nicht, Sie freuen sich nicht daran. Diese Dinge sind überflüssig. Kurz gesagt: Es handelt sich dabei ganz klassisch um Gerümpel, auch wenn diese Dinge Ihnen einmal gute Dienste geleistet haben. Trennen Sie sich davon, selbst wenn es Ihnen schwerfällt. Wagen Sie sich an das Gerümpel heran. Danach geht Ihnen vieles leichter von der Hand.

Zu welchem Ordnungstyp gehören Sie?

Das individuelle Ordnungsverhalten verrät auch etwas über innere Einstellungen. Ordnungsliebe ist ein Charakterzug von Menschen, die gewissenhaft und ehrgeizig sind und hart arbeiten, um ihre Ziele zu erreichen. Menschen, die spontan und offen gegenüber Neuem sind, tendieren dagegen mehr zur Unordentlichkeit.

Die goldene Mitte

Günstig ist also eigentlich ein Mischtyp: Man ist ordentlich in Bereichen, in denen es wichtig ist, aber nicht zwanghaft. So können Sie bei Bedarf flexibel reagieren und auch mal nachlässig sein, ohne dass gleich alles aus dem Ruder läuft und das Chaos bei Ihnen Einzug hält.

Eine repräsentative Umfrage der Zeitschrift *Das Haus* ergab:

* *60 Prozent der Deutschen meinten, wer keine Ordnung lerne, bekomme sein Leben nie in den Griff. Jeder vierte bekannte sich sogar zu pedantischem Verhalten.*

- *Bei 24 Prozent der Befragten darf nichts in der Wohnung herumliegen.*
- *Ungemütlich soll es aber nicht wirken, für eine Ecke mit privatem Krempel plädierten im Schnitt 58 Prozent.*
- *61 Prozent der Frauen und 54 Prozent der Männer waren der Ansicht, dass eine Wohnung ganz ohne Kleinkram unpersönlich sei.*
- *Bei jedem fünften, nämlich 18 Prozent, ist das häusliche Chaos Ursache für Streit in der Partnerschaft.*
- *21 Prozent der Frauen und 15 Prozent der Männer gaben zu, dass sie die Unordnung ihres Partners kaum ertragen können, ihre eigene störe sie aber weniger.*

Gerümpel, Unordnung und Ballast

Aber wie kommt es eigentlich zu der immer größer werdenden Unordnung? Dafür gibt es einige Gründe. Ein Hauptgrund ist: Müll hat magnetische Anziehungskraft.

Der amerikanische Kriminologe James Wilson stand einmal vor einem Haus und sah, dass ein Fenster zerbrochen war. Nichts Besonderes, dachte er sich, denn das Haus stand zur Hälfte leer. Wilson ging in den nächsten Wochen immer wieder an dem Haus vorbei und bemerkte, dass erst zwei, dann drei, dann fünf und bald alle Fenster eingeschlagen waren und dass sich um das Haus dunkle Gestalten herumtrieben.

Wilson schrieb das auf und lieferte 1982 der Kriminologie die bis heute gültige »Broken-Window«-Theorie. Diese besagt: Wenn ein kaputtes Fenster nicht repariert wird, denken alle, man könne ruhig ein zweites kaputtschmeißen. Diese Theorie trifft auch auf unsere Unordnung zu.

Unordnung vermehrt sich schnell

Kaputtes, Gerümpel oder Müll haben die gleiche Sogwirkung. Legen Sie irgendwo etwas für eine spätere Bearbeitung beiseite, wächst der kleine »Haufen« ruck, zuck zu einem Berg an. Wenn Sie etwas achtlos auf den Boden werfen, finden Sie am nächsten Tag an dieser Stelle noch mehr weggeworfene Dinge. Unerledigtes oder Unaufgeräumtes haben auch diese eigenartige magnetische Wirkung: Beides wird nie weniger und schon gar nicht von selbst. Es vermehrt sich und damit das Unbehagen. Die »Broken-Window«-Theorie bestätigt dieses Phänomen. Deswegen gilt: Lassen Sie es gar nicht so weit kommen!

> Gerümpel und Müll wirken wie ein Magnet und ziehen immer mehr davon an.

Was wir haben, wollen wir behalten

Weggeben widerstrebt unserem Besitzerinstinkt: Was wir haben, geben wir nicht gerne wieder her. Dieser Mechanismus ist tief in unserer Psyche verankert und hat auch einen Namen: »Endowment-Effekt«, zu Deutsch »Besitz-Effekt«. Dies bedeutet, dass ein Gut, nachdem es eine Person in Besitz genommen hat, unmittelbar wertvoller wird und die Rückgabe relativ schmerzhafter ist. Oft übersteigt dabei der ideelle Wert den eigentlichen Wert der Sache. Aber Festhalten an den Dingen bedeutet nicht immer sinnvollen Besitz.

> Wir bauen zu unserem Besitz eine Beziehung auf und trennen uns nur schwer davon.

Unterschiedliche Vorstellung von Ordnung

Für Paare kann das Thema Ordnung zum Problem werden und Grund für Streitigkeiten und Krisen sein. Schlamper gegen Sauberfrau oder umgekehrt. Wer oder was bleibt da auf der Strecke? Unterschiedliche Vorstellungen von Ordnung belasten eine Beziehung. Ob wir ordentlich sind oder nicht, ist jedoch weniger Wesensart, sondern vielmehr ein Resultat von Erziehung. Trotzdem können wir im Laufe unseres Lebens dazulernen und alte Gewohnheiten verändern. Dafür braucht es jedoch einen starken Anreiz.

Kinderzimmer: Betreten verboten!

Der Zustand, den wir um uns herum schaffen, spiegelt unser Inneres wider und umgekehrt. Die Eltern von Teenagern kennen dieses Phänomen: Sie würden das Zimmer des Sohnes oder der Tochter am liebsten gar nicht mehr betreten, weil es darin aussieht, als hätten dort Vandalen gewütet. Die Bitte oder die Aufforderung, endlich aufzuräumen, verhallt unerhört. Eltern stehen oft machtlos vor dem Chaos, das sich im Zimmer des eigenen Kindes ausbreitet.

Doch für die Unordnung gibt es einen Grund: Die Pubertät bedeutet für Heranwachsende eine Zeit der Veränderung und Neuorientierung. Während dieses Umbruchs gerät das Innenleben des Teenagers völlig aus dem Gleichgewicht. Nichts ist mehr, wie es war. Hormone und Gefühle spielen verrückt, man ist in diesem Alter weder Fisch noch Fleisch. Ein Trost kann sein, dass diese Phase vorübergeht.

> Identitätssuche und inneres Chaos spiegeln sich in der äußeren Unordnung wider.

Fangen Sie bei sich selbst an

Doch auch die Eltern leben, ohne sich dessen vielleicht bewusst zu sein, in den eigenen vier Wänden ihren aktuellen Gemütszustand aus. Zwar herrscht möglicherweise keine sichtbare Unordnung, aber ein Blick in die Schränke und in die Ecken kann äußerst aufschlussreich sein.

Raum für Veränderung

Aber stellen Sie sich einmal vor, wie viel Energie freigesetzt würde, wenn Sie sich in Ihrer Wohnung rundum wohl fühlen und an nichts mehr stören müssten. Sie hätten dann viel mehr Raum und Zeit für Dinge, die Ihnen viel bedeuten – in Ihrer Wohnung und in Ihrem Leben. Ganz nebenbei würden Sie beim Entrümpeln viel über sich erfahren, denn Dinge aufzuräumen und wegzuwerfen ist wie eine Reise in die Vergangenheit und holt alte Erinnerungen hervor. Das Aussortieren bringt Sie dazu, sich mit Ihren Wünschen und Erwartungen zu beschäftigen.

> Mit dem Aussortieren entlasten Sie sich auch von der Vergangenheit und öffnen sich der Zukunft.

Neues zulassen

So könnten Sie auch Klarheit über sich selbst gewinnen: wer Sie sind, wo Sie stehen, was Sie sich wünschen, in welche Richtung Sie sich entwickeln wollen. Sie hätten sich nicht nur von dem Ballast befreit, sondern könnten auch Neues in Ihr Leben lassen.

Viele Dinge, die Sie in Ihren vier Wänden aufheben, belasten Sie nämlich mehr, als Sie vielleicht ahnen. Vollgestopfte Schränke, überquellende Schubladen, ungeordnete Regale sind nicht nur keine Augenweide. Das überflüssige Gerümpel nimmt uns zudem Luft zum Atmen. Was wir festhalten, anhäufen und sammeln, wird also irgendwann zur Belastung. Mehr macht nicht zwangsläufig glücklich. Viele Dinge zu besitzen raubt Freiheit und Spontanität.

Nicht Überfluss, sondern das Wesentliche lockt das Glück. Immer mehr erkennen das und beginnen ihre Konsumwut zu drosseln, sich innerlich von dem Übermaß an materiellen Dingen zu lösen. Lieber weniger, aber dafür mehr Qualität, lautet die Devise.

Wenn Sie zum Beispiel den halbfertigen Pullover einfach wegwerfen oder beschließen, den Brief nicht zu schreiben, haben Sie sich von einer Blockade befreit. Diese Entscheidung werden Sie als Glücksmoment erleben.

Keine Angst vor der Zukunft

Warum halten wir an der Vergangenheit fest? Ein möglicher Grund ist die Angst vor der Zukunft, die Angst vor dem großen Unbekannten und den Risiken. Manchmal wird Zukunft nicht als Möglichkeit oder Chance, sondern als Bedrohung erlebt. Denn

Veränderungen bringen Unsicherheit mit sich. Auch das Gefühl, vielleicht falsche Entscheidungen zu treffen und Fehler zu machen, spielt eine Rolle.

Trotzdem: Damit es in Ihrem Leben weitergehen kann, müssen Sie sich aus der Vergangenheitsfalle befreien, und dies funktioniert nur über das Loslassen. Sie müssen ausmisten, wegwerfen und Platz schaffen. Falls Sie dieser Gedanke erschreckt, können Sie beruhigt aufatmen.

> **Die Vier-Kisten-Methode nimmt dem Entrümpeln und Aufräumen den Schrecken!**

Wie möchte ich leben?

Wer sich diese Zusammenhänge zwischen Ordnung und Gefühlsleben bewusstmacht, hat schon einen wichtigen Schritt getan. Um davon zu profitieren, ist es notwendig, sich kritisch mit dem zu beschäftigen, womit wir uns umgeben. Dadurch können wir sehr viel über uns selbst erfahren.

Beim Entrümpeln tun wir das. Wir schauen uns die Dinge genau an und überlegen gründlich:

* *warum wir sie aufbewahren möchten*
* *was sie mit uns und unserem Leben zu tun haben*
* *warum wir vielleicht unser Herz daran hängen.*

Ehrlichkeit ist oberstes Gebot

Wir müssen uns selbst gegenüber ehrlich sein über unsere Vorstellungen, Erwartungen, Hoffnungen, die wir an bestimmte Dinge in unserem Besitz knüpfen. Nur wenn wir uns wirklich damit auseinandersetzen, können wir von den Erkenntnissen profitieren. Wir können betrachten, wer wir waren, wie wir zu dem geworden sind, der wir heute sind.

> Beim Entrümpeln werden wir immer mehr auf das stoßen, wer und was wir heute sind.

Denn die Dinge, die wir aufbewahren, die wir brauchen, die machen uns aus. Nun stellt sich die Frage, ob uns dies gefällt, ob wir mit dem, was wir gefunden haben, zufrieden sind.

Vielleicht entdecken wir dabei, dass wir in manchen Bereichen ganz anders sind, als wir bisher dachten. Möglicherweise wird uns bewusst, dass wir bestimmte Kleidungsstücke nie getragen haben, weil sie zu einer Vorstellung von uns gehören, der wir nicht entsprechen. Wir sind eben nicht der Typ fürs schicke Kostümchen. Oder wir wollen bestimmte Dinge hinter uns lassen und schaffen es endlich, uns von der Plüschtierparade auf dem Regal zu trennen, weil wir uns eingestehen, dass wir inzwischen viel lieber wenige ausgewählte Accessoires aufstellen wollen.

Die mentale Einstimmung:
Entrümpeln beginnt im Kopf

Wenn wir unsere vier Wände unter die Lupe nehmen und mal einen Blick in Kisten, Schubladen oder
Schränke werfen, entdecken wir dort oft das, was uns
von der Gegenwart ablenkt, auf der Seele lastet oder
ein schlechtes Gewissen bereitet. Den unbeantworte-
ten Brief oder die nicht bezahlten Rechnungen haben
wir in die Zukunft verschoben. Warum eigentlich?
Die alten Schulunterlagen oder die Liebesbriefe des
Ex-Partners halten uns dagegen in der Vergangenheit fest. Wann wollen wir das Vergangene denn
endlich abschließen?

Angesammeltes aus der Vergangenheit verdeckt den
Blick nach vorn.

Packen Sie es an!

Deckel drauf oder Tür zu? Das löst aber das Problem
nicht. Alles, was sich hier angesammelt hat, steht für
Unerledigtes oder Unbewältigtes. Stellen Sie sich vor,
wie angenehm es sein wird, wenn Sie sich in Ihrer
Wohnung rundum wohl fühlen und an nichts mehr
stören müssen. Sie haben dann viel mehr Raum und
Zeit für Dinge, die Ihnen viel bedeuten. Bevor Sie

loslegen, sollten Sie sich innerlich auf das Ausmisten und Aufräumen einstimmen.

Der Kampf mit dem inneren Schweinehund

Alles, was Sie beflügelt und festigt, wird Ihnen dabei helfen, auf Ihrem Weg zu bleiben und Ihr Ziel fest im Blick zu behalten. Doch wie legt man den »inneren Schweinehund« an die Kette? Wer gegen die eigene Schwerkraft kämpfen will, braucht einen starken Verbündeten: seinen Geist. Menschen, die ihre Ziele erreichen, nutzen ihr geistiges Potenzial, oft ohne es zu ahnen. Sie schaffen das auch!

Vom Denken zum Handeln

Der Geist ist willig, aber der Körper schwach ... stimmt nicht ganz. Denn die Entscheidung, sich aufzuraffen, fällt im Kopf. Wer sich innerlich entschlossen hat, startet durch. Wer im Geist noch hadert, verschiebt die Entscheidung und spielt die Nachteile herunter, die durchs Nichtstun entstehen. Die japanische Einstellung ist deshalb zutreffend:

Tipp 1 »Zwischen Denken und Tun ist kein Hauch.« Tagträumen Sie deshalb, sooft Sie können, von der neuen Ordnung und legen Sie so Ihren inneren Schweinehund an die Kette.

Immer das Ziel vor Augen

Wo ein Wille ist, ist auch ein Weg . . . stimmt, aber trotzdem fällt der Einstieg nicht immer leicht. Widerstände treten auf, wenn der Wunsch nur gedacht, aber nicht gefühlt wird. Sich selbst zu sagen, ich sollte was tun, reicht nicht. Ich muss inspiriert sein, innerlich brennen, das heißt, die späteren positiven Auswirkungen des Entrümpelns schon jetzt in jeder Faser meines Körpers spüren. Nutzen Sie die Kraft der Gedanken und machen Sie den ersten Schritt.

Träumen Sie davon

Um diese Inspiration zu erreichen, macht es Sinn, vom Ausmisten und Aufräumen richtig zu träumen. Malen Sie sich aus, wie Sie das Entrümpeln durchziehen werden und sich dabei wohl fühlen. Versuchen Sie mehrmals am Tag, innezuhalten, die Augen zu schließen, quasi zu meditieren und sich vorzustellen, wie Sie es genießen, Stück für Stück loszulassen und wegzuwerfen. Indem Sie sich Ihr festgelegtes Ziel, z. B. eine Wohnung, in der es keinen überflüssigen Krempel mehr gibt – so oft wie möglich bildhaft vorstellen, schreiben Sie Ihr geistiges Drehbuch um. Stellen Sie sich z. B. vor, wie Sie die Türen zum Kleiderschrank öffnen und alle Hosen, Röcke, Hemden und Blusen geordnet und locker auf Bügeln hängen, ohne Falten und ganz übersichtlich.

Erfinden Sie sich neu!

Malen Sie sich aus, wie es sein wird, wenn andere erkennen, dass Sie sich positiv verändert haben, und neugierig nach Ihrem Geheimnis fragen werden. Genießen Sie das Glücksgefühl. Diese bildhafte Vorstellung ist ungefähr so, als ob Sie im Kino sitzen und sich selbst auf der Leinwand betrachten. Wenn die Widerstände besonders groß sind, hilft es, seinen Schweinehund zu lieben.

> Der Trick ist, den inneren Schweinehund nicht zu bekämpfen, sondern zum Verbündeten zu machen.

Wer ihm Druck macht, bekommt nur Gegendruck und beschäftigt sich mehr mit seinem Schweinehund als mit sich und seinen Zielen. Lassen Sie Ihren Schweinehund ruhig ab und zu gewinnen, dann wird er auch Sie gewinnen lassen. Wer allzu streng mit sich ist, der hält nicht durch.

Zu viel Gerümpel lässt die Motivation schrumpfen

Morgen, übermorgen, nächste Woche ganz bestimmt! Wir schieben Entscheidungen gerne vor uns her, vor allem, wenn es sich dabei um etwas Unangenehmes handelt. Aufräumen und Ausmisten zählen sicher nicht zu den Dingen, die wir unbedingt gleich und gerne machen. Doch es ist eine Illusion, in der Zukunft mehr Zeit oder Lust dafür zu haben.

Und alles, was wir verdrängen, wegschieben oder wovor wir uns drücken, wird mit voranschreitender Zeit nur noch unangenehmer.

Je mehr der Papierberg oder das Gerümpel anwachsen, umso geringer wird die Lust, sich endlich damit zu beschäftigen.

> Manchmal warten wir so lange, bis uns die Dinge wirklich über den Kopf wachsen.

Warum noch eine Sekunde länger warten?

Machen Sie eine kleine erste Aufräumaktion jetzt sofort und nehmen Sie genau das in Angriff, was sich in nächster Nähe bei Ihnen befindet. Das kann eine Handtasche oder ein Aktenkoffer sein. Leeren Sie diese jetzt aus, misten Sie den Inhalt gründlich aus und packen Sie dann den Rest zurück an seinen Platz.

Wenn Sie am Schreibtisch sitzen, dann nehmen Sie sich einfach die Oberfläche oder einen Stapel vor, der dort schon lange liegt. Zu Hause kann das zum Beispiel nur eine Küchenschublade sein. Sie werden sich wundern, was Sie aus den Tiefen dieser Schublade so alles ans Tageslicht befördern. Oder nehmen Sie sich jetzt die Zeitschriftenecke vor. Misten Sie die Hefte aus und werfen Sie so viele wie möglich weg. Heben Sie nur die wichtigsten auf.

> Fangen Sie mit Kleinigkeiten an, z. B. Ihrer Handtasche. Danach fallen Ihnen die größeren Projekte leichter.

Blitzschnell entrümpeln

Konzentrieren Sie sich auf einen überschaubaren Bereich, den Sie in maximal zehn Minuten bequem aufräumen können – einen einzigen Ordner, eine Schublade, Ihren Geldbeutel, eine Handtasche.

Wenn Ihnen das zu viel erscheint, halbieren Sie Ihr Ziel noch einmal: Entrümpeln Sie nur ein Fach im Ordner oder nur das Kleingeldfach im Portemonnaie. So ein Blödsinn, denken Sie? Dann machen Sie sich bewusst: Entrümpeln besteht aus vielen winzigen Schritten, und auch der kleinste Fortschritt bringt Sie voran. Und nach dieser Mini-Entrümpelung werden Sie staunen, wie leicht das von der Hand gegangen ist. So kann es mit allem weitergehen. Schritt für Schritt, in kleinen Portionen, können Sie sich so gezielt durch den ganzen Krempel arbeiten. Und am Ende dieses Buches sollte nichts mehr so sein, wie es jetzt ist.

Tipp 2 Machen Sie feste Entrümpelungstermine für das, was Sie wann erledigen müssen oder wollen. Wenn Sie keine Zeit und noch weniger Lust haben, können Sie sich auch Tipp für Tipp durch Ihren Krempel arbeiten. Planen Sie dafür jedoch einen festen Tag ein oder nehmen Sie sich vor, mindestens einen Tipp pro Woche in die Tat umzusetzen.

Planen Sie feste Entrümpelungszeiten ein

Wenn Sie bei Ihrer ersten Entrümpelungsaktion Feuer gefangen haben, dann können Sie dafür zum Beispiel ein Wochenende einplanen, an dem Sie Ihr Zuhause auf den Kopf stellen.

Sie können das Ausmisten aber auch in kleine Einzelschritte aufteilen und sich an mehreren Abenden durchs Gerümpel arbeiten. Dazu gehört allerdings mehr Disziplin. Wenn Sie die haben, wunderbar! Wählen Sie den Rhythmus, der Ihnen entspricht.

Sie können klein anfangen oder radikal vorgehen. Nur fangen Sie an! Geben Sie der »Aufschieberitis« keine Chance! Legen Sie einen Termin, z. B. für das Wochenende oder ein paar Abende, fest, notieren Sie die Termine im Kalender und halten diese frei.

Es ist eine Illusion, in der Zukunft mehr Zeit oder Lust für das Entrümpeln zu haben.

Gehen Sie voller Tatendrang ans Werk

Freuen Sie sich auf Ihre Entrümpelungsaktionen. Wenn Sie z. B. den halbfertigen Pullover einfach wegwerfen oder beschließen, den Brief nicht zu schreiben, sind Sie eine Belastung losgeworden, haben sich von einer Blockade befreit. Denken Sie an den wunderbaren Moment, wenn Sie Ordnung geschaffen haben und sich ein befreiendes Gefühl einstellt.

Tipp 3 Finden Sie heraus, welche Gefühle das Gerümpel bei Ihnen auslöst. Fragen Sie sich einmal selbst: Wäre Ihr Leben heute beendet, wenn Sie durch einen Brand oder Diebstahl Ihr gesamtes Hab und Gut verlieren würden? Wohl kaum. Der Verlust würde schmerzen und Probleme bereiten, aber er würde nicht Ihr Leben kosten! Alle materiellen Güter sind ersetzbar. Das bedeutet nun nicht, dass Sie sich von allem trennen müssen. Doch machen Sie sich bewusst, dass viele Dinge, die uns etwas bedeuten, nicht lebensnotwendig sind.

Fragen, die Ihnen beim Entrümpeln helfen

Fragen Sie sich beim Ausmisten, was die Sachen, an denen Sie hängen, für Sie repräsentieren:

* *Sind es Dinge, die Sie zu etwas Besonderem machen?*
  Viel zu besitzen, macht nicht wirklich glücklich.
* *Sind es Sachen, die Ihrem Ego schmeicheln? Es ist*
  gut und wichtig, Preise, Zeugnisse oder Andenken
  aufzuheben. Aber der Wert dieser Dinge sollte auch
  jetzt noch für Sie von Bedeutung sein. Behalten Sie
  die Sachen, wenn Sie sich daran aus tiefstem Herzen
  erfreuen, doch trennen Sie sich davon, wenn sie nur
  gelegentlich in Ihnen Begeisterung hervorrufen.
* *Sind es Sachen, die wir aus unserer Kindheit ken-*
  nen? Manches übernehmen wir unbewusst, weil wir
  es so von unseren Eltern her kennen. Wenn sich im
  Elternhaus zahllose Topfpflanzen auf den Fens-
  terbänken drängten, muss das bei Ihnen nicht ebenso
  sein.
* *Sind es Sachen, von denen Sie denken, dass Sie viel-*
  leicht den Krempel noch mal brauchen könnten, und
  zwar genau dann, wenn er nicht mehr da ist? Dahinter
  steckt oft mangelndes Vertrauen in die Zukunft oder in
  sich selbst. Die Sachen nehmen Ihnen nicht die Sorgen
  oder die Ängste vor der Zukunft, sie symbolisieren sie
  und erinnern Sie fortwährend daran.

Raus aus dem Gerümpel
mit der Vier-Kisten-Methode

Sie haben beschlossen, auszumisten, loszulassen und
Ihr Zuhause zu entrümpeln. Wunderbar! Die Aus-

wahl, was Sie wirklich behalten wollen oder was Sie vielleicht doch wegwerfen können, wird nicht immer leicht sein.

Die Vier-Kisten-Methode hilft Ihnen dabei, die richtigen Entscheidungen zu treffen. Wie sie funktioniert, erfahren Sie hier.

Tipp 4 Sie brauchen als Erstes vier große Kisten, gut geeignet sind Umzugskisten. Numerieren Sie die Kisten und schreiben Sie Folgendes darauf: **Kiste 1:** Aufheben! Diese Sachen will ich unbedingt behalten. Das bleibt! **Kiste 2:** Überlegen! Diese Sachen brauche ich nicht mehr, kann mich aber nicht so schnell davon trennen. **Kiste 3:** Weggeben! Diese Sachen brauche ich nicht mehr, kann sie jedoch vielleicht noch verschenken oder verkaufen. **Kiste 4:** Wegwerfen! Diese Sachen kann ich ohne Wenn und Aber wegschmeißen. Weg damit!

Kiste 1:
Aufheben! Das will ich behalten!

Was in Kiste 1 kommt, will gut überlegt sein. Wählen Sie die Dinge sorgfältig aus, denn Sie wollen ja Ihren Besitz reduzieren. Es gibt sicher eine ganze Menge an Dingen, die Sie regelmäßig benutzen und bei denen sich die Frage des Wegwerfens nicht stellt.

Schwieriger wird es bei den Kleidern, die nicht mehr passen, bei den Urlaubsandenken im Schrank oder dem überquellenden Bücher- oder CD-Regal.

In jedem Ding, das wir besitzen, stecken Informationen und Gefühle, wir haben es schließlich einmal aus einem bestimmten Grund erworben oder bekommen.

> **Alles, bei dem sich die Frage des Wegwerfens gar nicht erst stellt, landet in Kiste 1.**

Mit den folgenden drei Fragen können Sie herausfinden, ob eine Sache Ihnen heute noch wichtig ist, ob Sie sie noch brauchen und ob sie Ihnen noch guttut.

* *Frage Nr. 1: Habe ich das Ding innerhalb der letzten zwölf Monate einmal gebraucht und ist es mir auch weiterhin von Nutzen? Wenn ja, behalten Sie es. Wenn nein, führt das automatisch zur nächsten Frage.*
* *Frage Nr. 2: Brauche ich das Ding wirklich noch, tut es mir gut, hilft es mir weiter, verbinde ich damit etwas Positives? Nur wenn Sie sofort und überzeugt mit Ja antworten können, sollten Sie es behalten, auch wenn Sie es lange nicht benutzt haben. Wenn Sie jetzt aber ins Grübeln geraten, lange überlegen müssen, die Sache von allen Seiten betrachten oder nur zögernd eine Antwort finden, ist es Ballast, den Sie loswerden soll-*

ten. *Wenn es Ihnen schwerfällt, diesen Krempel los-*
zulassen, stellen Sie sich die letzte, aber entscheidende
Frage.
* *Frage Nr. 3: Liebe ich die Sache aus vollem Herzen?*
  Ein Ja führt automatisch zur Kiste 1. Bei einem Nein
  ist vermutlich die Kiste 2 der geeignete Ort.

Kiste 2:
Überlegen! Ich kann mich noch nicht trennen

Jeder von uns hat Sachen, die weder gebraucht noch
verwendet werden, aber von denen wir uns aus uner-
findlichen Gründen einfach nicht trennen wollen
oder können.

Kiste 2 ist die schwierigste, wenn es ums Ausmisten
geht, denn sie konfrontiert uns am meisten mit unseren unbewussten Wünschen. Wenn es Ihnen schwerfällt, sich von Dingen zu lösen, die Sie im Grunde
nicht brauchen, dann sollten Sie sich klarmachen,
warum Sie die Sachen aufheben oder warum Sie so
sehr daran hängen.

> Fragen Sie sich: Besitze ich die Dinge oder werde ich
> von ihnen beherrscht?

Manche Menschen sind wahre Sammler: Briefmar-
ken, Modekataloge, Prospekte, Zuckertütchen, Einkaufstaschen, Schachteln, Handtücher, Einweck-

gläser etc. Die Liste ließe sich unendlich fortsetzen. Sich von diesen Dingen zu trennen kann große Überwindung kosten, denn es ist irgendwie ein Stück der eigenen Identität mit ihnen verbunden.

Loslassen oder bewahren?

Kiste 2 muss nach dem Entrümpeln weiter bearbeitet werden, denn hier landen die Dinge, die Sie nicht mehr brauchen, von denen Sie sich aber noch nicht oder nicht so schnell trennen können. Gehen Sie den Inhalt in den nächsten Wochen nach und nach an und beschäftigen Sie sich in Ruhe mit den einzelnen Stücken, um eine Klärung herbeizuführen. Dann wird es Ihnen schließlich möglich sein, endgültig loszulassen. Manches mögen Sie vielleicht nicht einfach wegwerfen, dann können Sie die Dinge in einem Ritual entsorgen, zum Beispiel verbrennen oder vergraben.

> **Verabschieden Sie sich von Ihrem Gerümpel und entlassen Sie den Krempel aus Ihrem Leben.**

Beschließen Sie hingegen, das eine oder andere Stück aus der Kiste zu behalten, weil es Ihnen sehr wichtig oder ein Symbol für etwas ist, dann bewahren Sie diesen Schatz sorgfältig auf.

Vielleicht trennen Sie sich von zwei Schuhschachteln voller Liebesbriefe, bewahren aber den allererst davon auf.

Diese Dinge, von denen Sie sich nicht trennen möchten, finden in einer speziellen »Schatzkiste« ihren Platz. In diese besondere Kiste oder Schachtel kommen nur sorgsam ausgewählte Stücke hinein, die Sie zwar nicht mehr brauchen, die aber ein wichtiger Teil Ihrer Vergangenheit sind und die Sie als solche bewahren möchten.

Kiste 3:
Weggeben! Ich gebe es weiter!

Es gibt Sachen, die man selbst nicht mehr braucht, die aber für andere noch nützlich sein können. Vielleicht war Ihnen das eine oder andere Stück lange Zeit ein treuer Begleiter, doch nun hat es für Sie ausgedient. Zum Wegwerfen ist es zu schade, weil es noch zu gebrauchen ist, aber auch weil es Ihnen einmal viel bedeutet hat.

Doch das ist Vergangenheit, nun kann sich jemand anderes darüber freuen. Diese Sachen können Sie verschenken oder verkaufen, und dafür ist Kiste 3 reserviert.

Regeln für die Wohltätigkeits- und Weggabe-Kiste 3

Wenn Sie beim Ausmisten auf Dinge stoßen, die in Kiste 3 passen, sollten Sie ein paar Regeln einhalten.

Die beiden wichtigsten lauten:
Die Dinge, die Sie weitergeben, müssen sauber und in Ordnung sein. Setzen Sie sich eine Frist, bis wann die Kiste 3 leer sein muss. Ist die Frist vorbei, wandert der Inhalt in den Müll.

Was wandert alles in Kiste 3?
Es gibt eine Menge Dinge, die Sie in Kiste 3 einsortieren können:

* *Sachen, die Sie dem eigentlichen Besitzer zurückgeben können: Beim Aufräumen entdecken wir meist Sachen, die uns gar nicht gehören. Bücher, Jacken oder CDs, die wir uns mal ausgeliehen haben oder die jemand bei uns vergessen hat.*
* *Sachen, die Sie an Familie oder Freunde verschenken wollen. Manchmal besitzt man hübsche Kleidung, die einem nicht mehr passt, aber noch sehr gut aussieht. Ausgedientes, das Sie verschenken wollen, sollte aber noch gut erhalten sein!*
* *Sachen, die Sie tauschen oder weiterverkaufen können, z. B. auf Flohmärkten, im Internet oder über Inserate.*
* *Sachen, die Sie spenden können: Wenn es Dinge gibt, die noch nützlich sein könnten z. B. für eine öffentliche Einrichtung, eine Bücherei, ein Krankenhaus oder eine Wohlfahrtsorganisation, dann rufen Sie dort an und fragen nach, ob es Bedarf gibt.*

Kiste 4:
Wegwerfen! Das brauche ich nicht!

Es gibt ganz unterschiedliche Arten von Gerümpel, doch allen gemeinsam ist: Gerümpel kostet immer Platz, Zeit und Nerven. Vor allem aber bindet das nutzlose Zeug Ihre Energie, weil Sie sich darum kümmern müssen. Solange Sie sich nicht davon trennen, kann nichts Neues in Ihrem Leben geschehen. Am besten halten Sie gleich eine Zusatzkiste und Müllbeutel bereit. In Kiste 4 sollte möglichst das meiste von Ihrem Gerümpel landen. Packen Sie dort alles rein, was Sie nicht mehr brauchen, was Ihnen nicht gefällt, was Ihnen nicht mehr guttut.

Tipp 5 Vertrauen Sie beim Ausmisten und Entrümpeln auf Ihre innere Stimme. Denn der Bauch denkt mit! Wir glauben an die Liebe auf den ersten Blick, trauen uns dieses spontane Urteilsvermögen in anderen Bereichen aber nicht zu. Denn wir haben gelernt, dass es besser für uns ist, erst Informationen zu sammeln und dann daraus unsere Schlüsse zu ziehen. Aber nicht jeder setzt bei Entscheidungen nur auf die Vernunft. Manche hören auch auf ihr Bauchgefühl und liegen damit fast immer richtig. Denn die Intuition ist meist klüger als die Vernunft. Also sollten wir lernen, wieder mehr auf die Bauchsignale zu achten, ohne dabei den Verstand ganz auszuschalten.

Und wenn man sich nur schwer trennen kann?

Wenn Sie der Gegenstand mit Freude erfüllt, steht die Antwort fest: Behalten Sie ihn, aber finden Sie einen neuen Platz dafür. Offensichtlich ist er doch mit so guten Gefühlen verbunden, dass er nicht in einer Kiste vergraben werden sollte. Wenn Sie etwas zwar nicht loslassen, aber auch nicht ausstellen wollen, dann packen Sie es erst einmal weg, in Kiste 2.

Was Ihre Wohnung über Sie verrät

Wie jemand wohnt, sagt sehr viel über einen Menschen aus, über seine Wertvorstellungen, seine Einstellung zum Leben, seinen Charakter. Dabei geht es nicht darum, ob jemand modern eingerichtet ist oder Gelsenkirchener Barock bevorzugt oder wie viel Geld man für Möbel und Accessoires ausgibt.

Tipp 6 Nehmen Sie einmal aufmerksam Ihre häusliche Umgebung wahr und fragen Sie sich dann: Gefällt mir das, was ich sehe? Betrachten Sie Ihr Haus oder Ihre Wohnung mit diesem neuen Bewusstsein und fragen Sie sich, was es für Sie bedeutet, »daheim zu sein«.

Viel aufschlussreicher ist der persönliche Einrichtungsstil: Ist die Wohnung vollgestopft und überladen mit Möbeln und Kleinkram oder gibt es noch genug »Bewegungsfreiheit«? Sind die Sachen gut in-

Schuss und gepflegt oder wackelt auch mal ein Stuhl-bein und ist der Tisch übersät mit Flecken? Ganz abgesehen davon, dass ein Blick ins Bücherregal, auf die CD- oder DVD-Sammlung viel über den Bewoh-ner aussagen kann. Platzt da alles aus den Nähten oder gibt es eine übersichtliche Anordnung?

Der Wohnungs-Check
Überprüfen Sie einmal aufmerksam Ihre häusliche Umgebung und fragen Sie sich dann:

* *Gefällt mir das, was ich sehe?*
* *Bin ich das wirklich?*
* *Will ich das sein?*

Wenn Sie diese Fragen nicht sicher und eindeutig mit Ja beantworten können, ist es vielleicht Zeit für eine Veränderung. Denn wenn Sie sich mit Ihrer Wohnung nicht identifizieren können, wenn sich dort Störfaktoren befinden, wirkt sich das vermutlich auf Ihr Leben aus. Auch dort wird es Unruheherde geben, die verhindern, dass Sie sich nach Ihren besten Möglichkeiten entfalten und glücklich werden.

Wenn Sie jetzt mit Entrümpeln anfangen, werden Sie mit jedem Stück, das Sie aufräumen oder weg-werfen, ein wenig mehr Klarheit und Ordnung in Ihr Leben bringen.

Tipp 7 Machen Sie den Gerümpel-Check und finden Sie heraus, warum Sie etwas aufheben. Behalten ist immer leichter als wegwerfen. Deswegen sehen wir uns hier einmal genauer an, welche Gründe uns zum Aufheben und Sammeln bewegen.

Der Gerümpel-Check
Heben Sie Dinge auf . . .

* *aus Gedankenlosigkeit? Darunter fällt jeglicher Krimskrams, den Sie einfach nur so sammeln, ohne sich Gedanken darüber zu machen, warum eigentlich. Gehen Sie durch Ihre Wohnung oder Ihr Haus, überprüfen Sie mal, was da so in Ecken, auf Schränken oder in Schubladen herumliegt.*
* *aus Sicherheitsdenken? Das umfasst den ganzen Krempel, der für alle Eventualitäten aufgehoben wird, nach dem Motto: Man weiß ja nie. Eigentlich wissen Sie mit den Sachen nichts mehr anzufangen, glauben aber, sie doch noch irgendwann gebrauchen zu können.*
* *aus Schuldgefühlen? Jeder besitzt Dinge, die er aus schlechtem Gewissen aufbewahrt. Dinge, die man geschenkt bekommen hat und nicht mag, nicht braucht oder hässlich findet. Aber trotz dieser Abneigung bringen wir es nicht übers Herz, diesen Krempel zu entsorgen.*

* *weil es unvollendet ist? In jeder Wohnung beziehungs-*
  weise jedem Haus gibt es etwas, das auf seine Vollen-
  dung wartet. Wir legen es beiseite und warten auf mehr
  Zeit und Lust, die Sache endlich in Angriff zu nehmen.
  Ob es nun das halbfertige Strick- oder Nähzeug ist oder
  die Urlaubsbilder aus dem vorletzten Jahr, die immer
  noch in einer Kiste darauf warten, ins Album einge-
  klebt zu werden.
* *weil es unorganisiert ist? Wo sind eigentlich die ganzen*
  Landkarten geblieben? In welcher Schublade sind die
  Manschettenknöpfe versteckt? Wo finde ich die Belege
  für die Steuererklärung? Dieser Krempel ist besonders
  unangenehm, weil wir ihn genau dann nicht parat
  haben, wenn wir ihn brauchten.
* *aus Tradition? Diese Sachen variieren zwischen heilig*
  und heikel, weil sie eigentlich niemand braucht, aber
  man sich auch nicht überwinden kann, sie zu entsor-
  gen. Was würde die verstorbene Großmutter dazu sa-
  gen, wenn ihr vererbtes Kaffeeservice im Müll landen
  würde? Nun verstaubt es im Schrank.
* *aus Geiz? Das war so teuer! Ein typischer Ausruf,*
  wenn es darum geht, etwas wegzuwerfen. So bleibt der
  sündhaft teure Ledermantel im Schrank hängen, auch
  wenn er längst aus der Mode gekommen ist. Krempel
  wie dieser ist eindeutig überflüssig, aber er bleibt, weil
  man dafür mal viel Geld bezahlt hat.

Schließen Sie mit der Vergangenheit ab

Die Verklärung der Vergangenheit trübt den Blick für die Gegenwart.

Tipp 8 Entkommen Sie der Vergangenheitsfalle, halten Sie nicht an Dingen fest, die schon lange vorbei sind. Sie können das Erlebte nicht mehr zurückholen. Öffnen Sie die Augen für die Gegenwart und werden Sie offen für die Zukunft.

Früher war alles besser!

Die Gründe, warum wir etwas nicht loslassen, sind vielfältig. Doch einer der häufigsten Gründe ist das Festhalten an der Vergangenheit. So hängen wir vielleicht an einem Kleidungsstück, weil wir denken: »Damals hat mir das Kleid gepasst, irgendwann bin ich bestimmt wieder so schlank.« Dieses Wunschdenken verhindert das Loslassen, und so nimmt das alte Teil Platz weg.

Unser Gedächtnis konstruiert nämlich eine Erinnerung, die mit der Realität meist nicht viel gemein hat: So wird zum Beispiel das Schöne gespeichert und das Unangenehme gelöscht. Im Rückblick verklärt sich dann alles. Doch wenn man sich an das Altbekannte klammert, lässt man Neues nicht zu.

Wenn die Nostalgie Sie gefangen hält, sollten Sie sich

drei Fragen stellen: Habe ich immer noch die gleichen Bedürfnisse wie damals? Bin ich immer noch so wie vor vielen Jahren? Habe ich mich denn gar nicht verändert? Wer ernsthaft nach Antworten auf diese Fragen sucht, wird bald erkennen, dass Erinnerungen nur Bruchstücke der Vergangenheit enthalten.

Tipp 9 Bewahren Sie positive Momente, schwelgen Sie in Erinnerungen, aber nehmen Sie dann bewusst Abschied. Besonders schwierig gestaltet sich der Umgang mit Erinnerungsstücken. Liebesbriefe von Ex-Partnern beispielsweise können eine schöne Erinnerung sein und in der Vergangenheit festhalten. Ist das hilfreich für Ihre aktuelle Beziehung oder vielleicht eher schädlich, weil Sie Ihren Partner mit dem oder der Ex vergleichen? Für unser gegenwärtiges Leben ist es durchaus sinnvoll, das Positive in der Vergangenheit zu sehen. Doch trauern Sie nicht den »guten alten Zeiten« nach. Sie waren nicht besser als heute.

Welche Gefühle weckt die Vergangenheit in Ihnen?

Sie sollten mit den Dingen von früher sorgsam umgehen und genau hinschauen: Dokumentiert etwas einen wichtigen Entwicklungsschritt, möchten Sie es vielleicht aufbewahren, auch wenn es lange vorbei ist.

Denn es weckt immer wieder positive Erinnerungen in Ihnen. Steht ein Stück, z. B. ein Tagebuch oder Fotos, für eine Phase im Leben, die auch mit Schmerz und Trauer verbunden ist, gehen Sie in sich: Löst die Beschäftigung damit positive Gefühle aus, zum Beispiel, weil Sie die Phase gut überwunden haben, behalten Sie es.

Die Vergangenheit hat Sie zu dem gemacht, der Sie heute sind

Werden Sie jedoch heute noch traurig oder wütend, wenn Sie die Einträge lesen oder die Fotos betrachten, dann sollten Sie sich davon trennen. Machen Sie sich bewusst, dass diese Phase wichtig war in Ihrem Leben, nun aber vorüber ist. Nehmen Sie Abschied und konzentrieren Sie sich auf das Hier und Jetzt.

Tipp 10 Machen Sie sich die Gedanken, die Sie mit den Dingen verbinden. Denn Ausmisten und Aufräumen hat Tiefenwirkung. Sie misten im wahrsten Sinne des Wortes Ihre Vergangenheit aus. Wenn Sie sich dabei Fragen stellen wie: »Kann ich dieses Stück weggeben oder wegwerfen?«, »Warum hänge ich so sehr an diesem Stück?« oder: »Welche Gedanken oder Hoffnungen verbinde ich damit?«, können Sie zur Ursache der Energieblockade vordringen.

Diese Fragen sind jedoch nicht immer leicht zu beantworten. Wenn beispielsweise irgendwo noch Fotos vom Ex-Partner existieren, hegen Sie vielleicht die leise Hoffnung, es könnte ja wieder wie früher werden. Um die Bedeutung der Dinge zu erkennen, müssen Sie sich Ihre Gedanken, die Sie mit den Dingen verbinden, selbstkritisch und ehrlich bewusstmachen.

Auch das Entrümpeln hat Grenzen

Wenn Sie alleine leben, können Sie ohne Rücksicht auf Verluste wegwerfen, ausmisten und aufräumen. Für Paare oder Familien gilt das nicht. Nur weil Sie sich innerlich von den alten Sachen verabschiedet haben, trifft das noch lange nicht auf Ihre Mitbewohner zu. Wenn Sie damit anfangen, die Sachen der anderen auszumisten, werden Sie sich Feinde machen. Jeder hängt an seinen Sachen und ist selbst dafür verantwortlich. Bevor man sich nicht selbst damit auseinandersetzt, wirken Eingriffe von außen wie ein Angriff.

Tipp 11 Finger weg vom Gerümpel des Partners, der Kinder oder sonstiger Mitbewohner. Jeder muss für sich selbst entrümpeln! Auch die wiederholte Aufforderung, endlich aufzuräumen, oder das missionarische Belehren bewirkt meist nur das Gegenteil.

Entrümpeln durch Nachahmung

Am besten bewährt sich immer noch, als Vorbild zu fungieren. Denn wir lernen durch die Erfahrungen anderer und durch das Nachahmen bestimmter Erfolgsstrategien. Machen Sie bei sich Klarschiff und ernten Sie die Früchte dieser Aktion. Strahlen Sie die positive Energie aus, die Ihr Entrümpeln mit sich bringt. Aber üben Sie sich in Geduld. Jeder braucht seine Zeit. Sie haben ja vielleicht auch erst dieses Buch gebraucht, um sich darüber klarzuwerden, welche Rolle Ihr Gerümpel und Ihre Unordnung spielen.

Fest steht jedoch: Entrümpeln wirkt ansteckend! Ihr Partner oder Ihre Kinder werden spüren, welche positiven Auswirkungen das Entrümpeln hat, und es Ihnen irgendwann freiwillig nachmachen.

> Gehen Sie mit gutem Beispiel voran und motivieren Sie Ihre Mitbewohner, es Ihnen gleichzutun.

Machen Sie sich einen Entrümpelungsplan

Gehen Sie schrittweise vor. Räumen Sie nur den kleinen Bereich auf, den Sie sich vorgenommen haben, aber machen Sie diesen komplett fertig! Das heißt: Räumen Sie lieber eine kleine Schublade richtig auf, als im großen Schrank ein paar Dinge halbherzig herumzuschieben.

Wenn Sie zum Beispiel Ihr Arbeitszimmer aufräumen wollen, dann unterteilen Sie den Raum in kleine Einheiten, die Sie nach und nach und nicht auf einmal ausmisten.

Fokussieren Sie nur einen Bereich

Arbeiten auf halber Strecke abzubrechen ist unbefriedigend. Konzentrieren Sie sich nur auf diesen einen Bereich und lassen Sie andere Bereiche erst mal aus den Augen.

Wenn Sie in einer Schublade etwas finden, das eigentlich in eine andere Schublade gehört, dann legen Sie den Gegenstand dort hin. Mehr nicht. Lassen Sie sich nicht verführen, nun auch diese andere Schublade ganz schnell zu ordnen. Das bringt Sie nur aus dem Konzept.

Arbeiten Sie mit Checklisten

Machen Sie eine Checkliste, die Ihnen als Navigationshilfe beim Entrümpeln dient. Jeder hat unterschiedliche Orte, an denen er sein Gerümpel hortet, und jede Wohnung, jedes Haus ist anders. Eine genaue Übersicht über Ihre »Gerümpel-Bereiche« kann beim Entrümpeln hilfreich sein. Eine Anregung hierzu finden Sie unten und auf der nächsten Seite.

Tipp 13 Sie können Ihre Navigationshilfe auch nach Themen aufbauen. Eine entsprechende Liste mit dem Krempel-ABC hilft Ihnen, erste Prioritäten zu setzen:

A bis Z – Checkliste nach Räumen:	
Abstellkammer	Gästezimmer
Arbeitszimmer	Keller
Badezimmer	Kinderzimmer
Balkon	Küche
Eingangsbereich	Schlafzimmer
Esszimmer	Speicher
Garage	Terrasse
Garten	Wohnzimmer

A bis Z – Checkliste nach Themen:	
Accessoires	CDs
Adressbücher	Computerzubehör
Bankunterlagen	Dekozubehör
Briefe	DVDs
Broschüren	Elektrozubehör
Bücher	Fotos
Büromaterial	Gartenartikel

A bis Z – Checkliste nach Themen:

Gutscheine	Rechnungen
Handschuhe	Schachteln
Haushaltsgeräte	Schals
Haustierzubehör	Schmuck
Hobbybedarf	Schuhe
Hüte	Schulunterlagen
Informationen	Schulungsmaterial
Jacken	Spielsachen
Kalender	Sportsachen
Kataloge	Taschen
Kerzen	Tischdekorationen
Kleidung	Topfpflanzen
Kosmetikartikel	Tücher
Krawatten	Uhren
Küchenzubehör	Vasen
Landkarten	Verpackungsmaterial
Mäntel	Videos
Mappen	Visitenkarten
Musikgeräte	Wäsche
Mützen	Weihnachtsschmuck
Notizblöcke	Werkzeuge
Notizen	Wurfsendungen
Ordner	Zeitungsartikel
Partyutensilien	Zeitschriftensammlungen
Post	Zeugnisse
Preisausschreiben	Sonstiges

Schritt für Schritt vorgehen:
So entrümpeln Sie in Etappen

Endlich daheim! Ist es nicht ein wunderbares Gefühl, nach einem langen Tag unterwegs nach Hause zu kommen? Hier lassen wir die Seele baumeln und laden unseren »Akku« wieder auf. Umso wichtiger ist es, dass unsere vier Wände eine gemütliche und einladende Atmosphäre verbreiten. Gerümpel trägt dazu ganz sicher nicht bei.

> Entrümpeln ist kein Kraftakt, sondern besteht aus vielen winzigen Schritten.

Und ein krempelfreies, aufgeräumtes Zuhause hat viele Vorzüge. Es macht weniger Arbeit, spart also Zeit, beendet die ewige Sucherei, vermindert so den Stress und schärft den Blick fürs Wesentliche. Wo nichts Unerledigtes mehr wartet, gibt es kein schlechtes Gewissen mehr. Und ohne das überflüssige Gerümpel ist das Haus oder die Wohnung auch viel gemütlicher und einladender.

Tatort Fußboden

Entfernen Sie alle Stolperfallen und räumen Sie den Fußboden frei. Wenn Schränke und Regale zum Bersten voll sind, dann muss oft der Fußboden als Lagerplatz für den Krempel herhalten. Wenn Sie zu Hause bereits Slalom laufen müssen, ist es höchste Zeit, diese Stolperfallen wieder loszuwerden.

Räumen Sie also den Fußboden so weit wie möglich frei. Vergessen Sie dabei auch nicht den Platz hinter Türen und unter den Betten. Kein überflüssiger Krempel sollte hier liegen.

Tipp 14 Wenn Sie nicht wissen, wohin damit, dann packen Sie das Gerümpel zuerst in Kisten und sortieren Sie es dann bei nächster Gelegenheit aus. Finden Sie neue Aufbewahrungsmöglichkeiten, besorgen Sie sich Regale oder werfen Sie die Sachen weg.

Tatort Flur

Machen Sie Klarschiff im Flur und schaffen Sie eine einladende Atmosphäre. Wenn Sie einen Fuß in Ihr Zuhause setzen, dann sollten Sie sich sofort gut fühlen. Deswegen sollte der erste Raum in Ihrem Heim, den Sie sich vornehmen, gleich der Flur sein. Der Eingang ist schließlich auch der erste Eindruck, den ein Gast von Ihnen bekommt. Eingang, Diele und Flur sind Ihre Visitenkarte und repräsentieren Ihre Verbindung zur Welt.

Tipp 15 Testen Sie es selbst: Kommen Sie einmal ganz bewusst nach Hause und betrachten den Eingangsbereich. Ist Ihre Eingangstür leicht zu finden? Wirkt der Weg dorthin einladend und freundlich und ist vor allem frei von Gerümpel?

Wie würde ein Besucher Ihren Flur betrachten?

Der Eingangsbereich ist der erste Eindruck, den Sie dem Besucher vermitteln. Es geht nicht darum, die Menschen, die zu Ihnen kommen, zu beeindrucken, sondern willkommen zu heißen.

Überprüfen Sie jetzt sofort die Wirkung: Schlüpfen Sie in eine Jacke, verlassen Sie Haus oder Wohnung und treten Sie so ein, als würden Sie zum ersten Mal hereinkommen.

Lässt sich die Tür problemlos öffnen? Wenn etwas hinter der Tür steht, muss es weg: Es blockiert im wahrsten Sinne des Wortes das Weiterkommen. Auch eine quietschende Tür ist ein Hindernis: Ein paar Tropfen Öl beheben das Problem blitzschnell.

Was sticht sofort ins Auge?

Sie können nach dem Betreten Ihres Zuhauses noch einen zweiten Check machen: Stellen Sie sich vor, ein Fotograf würde Ihr Entree für eine Einrichtungszeitschrift fotografieren wollen. Was sieht er als Erstes, worauf fällt sofort der Blick? Überprüfen Sie diesen Eindruck und spüren Sie nach, wie Sie sich dabei fühlen. Ist es genau das, was Sie einem Gast schon beim Betreten Ihres Eingangsbereiches gerne zeigen wollen?

Im Eingangsbereich, dazu gehören der Flur oder die Diele, sollte also nichts Überflüssiges oder Unschönes den Weg oder Blick versperren.

Platz für Besuchermäntel

Entlasten Sie die Garderobe und finden Sie neue Plätze für Jacken, Mäntel, Mützen und Schals. Das Ziel dieser Aufräumaktion ist, am Ende einige leere Garderobenhaken für Gäste zu haben.

Stellt sich nur die Frage, wohin dann mit all den Sachen? Für Mützen, Schals und Handschuhe findet sich sicher ein Platz in der Kommode. Einsame Handschuhe können Sie gleich entsorgen.

Tipp 16 Reduzieren Sie Ihre Garderobe möglichst auf die Kleidungsstücke, die Sie alltäglich tragen. Einen Teil der Jacken und Mäntel können Sie im Kleiderschrank unterbringen. Den Rest sortieren Sie nach der Vier-Kisten-Methode (siehe Seite 27).

Trennen Sie sich
von ausgedienten Schuhen

Frauen fällt es meistens schwerer, sich von Schuhen zu trennen. Aber wenn Sie schon gar keinen Überblick mehr über Ihr Schuhsortiment haben, sollten Sie mal gründlich ausmisten. Stellen Sie »freilaufende« Schuhe weg und verabschieden Sie sich von alten Tretern. Schuhe, die am Boden herumstehen, sind Stolperfallen. Ein Schuhschrank im Eingangsbereich oder ein Regal in der Abstellkammer beseitigen dieses Problem am besten. Wenn Sie noch keinen Schuhschrank haben, besorgen Sie sich einen – eine Investition, die sich lohnt! Existiert schon ein Schuhschrank, räumen Sie ihn gründlich aus.

Tipp 17 Sortieren Sie nach Winter- und Sommerschuhen und fragen Sie sich bei jedem Paar: Wann habe ich die zum letzten Mal getragen? Werde ich sie innerhalb der nächsten zwölf Monate tragen? Testen Sie den Schuh, als befänden Sie sich gerade beim Kauf eines neuen Paares im Schuhgeschäft.

Würde Ihre Wahl auf die Schuhe fallen, die Sie gerade anprobieren? Falls nicht, gehören sie in Kiste 4. Aber die sind doch noch gut? Dann wäre Kiste 3 ideal, oder? Aber nicht mehr Ihr Schuhschrank.

Kaputte Schuhe sollten sofort zum Schuster gebracht oder gleich aussortiert werden. Putzen Sie die verbleibenden Exemplare und bringen Sie die Schuhe wieder auf Hochglanz. Bei dieser Gelegenheit können Sie auch gleich Ihr Schuhputzzeug durchsehen, leere Tuben und Dosen wegwerfen.

Übersichtlichkeit in den Schubladen

Auch die Schubladen Ihrer Flurgarderobe sollten Sie eingehend betrachten:

Tipp 18 Inspizieren Sie den Inhalt aller Schubladen und misten Sie diese gründlich nach dem Motto »alles auf einen Blick« aus.

Alte Telefonbücher, längst erledigte Notizen, alte Kalender, Prospekte, herrenlose Schlüssel etc. Schubladen von Kommoden und Schränken führen meist ein Eigenleben und beherbergen sehr viel Abfall. Beim Aufräumen tauchen manchmal lang vermisste Gegenstände auf, andere sind längst überholt und nehmen nur Platz weg.

Entrümpeln Sie sämtliche Taschen

Taschen, Tüten oder Aktenkoffer sollten nicht achtlos im Eingangsbereich und Flur herumstehen. Werfen Sie alle Tüten und Einkaufstaschen weg, bis auf ein paar praktische Exemplare, die Sie wirklich verwenden. Auch Tüten von Designerläden müssen sich nicht wie Trophäen stapeln.

Tipp 19 Leeren Sie den Inhalt sämtlicher Taschen aus und machen Sie Ihr Leben »leichter«! Wenn Sie sich beim Aufräumen die Taschen vornehmen, lohnt sich für Frauen ein Blick in die Handtasche, bei Männern ein Check des Aktenkoffers.

Was schleppen Sie denn so alles mit sich herum? Höchste Zeit, mal wieder auszumisten und Abfall wie alte Taschentücher, kaputte Kugelschreiber, Eintrittskarten, Einkaufsquittungen, alte Notizzettel etc. wegzuwerfen. Ein Griff in Jacken- und Manteltaschen befördert auch manches lang Vermisste und viel Überflüssiges ans Licht. Münzen, Schlüssel und Brauchbares wird dort verstaut, wo es hingehört, der Rest wandert in den Müll.

Tatort Wohnzimmer

In diesem zentralen Ort sammeln sich viele Dinge an, die den Wohnbereich gemütlich machen sollen, aber in Wirklichkeit das Gegenteil erreichen. Alles ist vollgestopft, vollgestellt und überladen. Um hier schnell Klarschiff zu machen, hilft es schon für den Anfang, sich den Oberflächen zu widmen.

Der ganze Krimskrams, der sich auf Fensterbänken, Regalen, Kommoden und Tischchen angesammelt hat, sollte nicht nur als Staubfänger fungieren. Behalten Sie nur die schönsten Stücke, deren Anblick Sie erfreut oder die mit schönen Erinnerungen verbunden sind. Für Dekoration sollte immer gelten: Weniger ist mehr! Nach dem Ausmisten sollten Sie den »Überlebenden« neue Plätze geben, wo jedes Ding besonders gut zur Geltung kommt.

Entrümpeln Sie Ihre Bildergalerie

Auch die gerahmten Fotos, die Sie ausstellen, sollten Sie genau unter die Lupe nehmen. Beschränken Sie sich auf Fotos, die Sie an schöne Momente erinnern und die Menschen so abbilden, dass Sie sich gern daran erfreuen. Fotos von ungeliebten Familienmitgliedern oder Freunden, mit denen Sie keinen Kontakt mehr haben, sollten Sie wegräumen. Schaffen Sie Platz für neue schöne Momente und neue Beziehungen, die Sie in schöne Rahmen stecken. Keine Angst,

Sie müssen nicht alles, was Sie nicht mehr ins Regal stellen, gleich wegwerfen. Einiges kann erst einmal in der Kiste 2 Platz finden. Später überlegen Sie in Ruhe, was für Sie wirklich wichtig ist. Vielleicht sind aber auch ein paar Stücke dabei, die Sie nicht mehr im Regal brauchen, die Ihnen aber trotzdem sehr viel bedeuten. Diese packen Sie in Ihre Schatzkiste.

Trennen Sie sich von alten Zeitungen!

Werfen Sie alte Zeitungen und Zeitschriften weg und behalten Sie nur, was Sie wirklich noch lesen.

Nehmen Sie sich aber nicht nur die Zeitschriftenecke vor. Sollten die Magazine in der ganzen Wohnung verteilt sein, sammeln Sie alle Exemplare ein und legen sie an einem bestimmten Ort ab. Sortieren Sie die alten Hefte und Zeitungen aus, behalten Sie nur, was Sie wirklich noch einmal in die Hand nehmen werden. Das gilt auch für alte Prospekte, Broschüren oder Versandhauskataloge.

Tipp 21 Misten Sie regelmäßig Ihre Zeitschriftenecke aus. Checken Sie dabei auch einmal Ihre Abonnements. Sind die noch aktuell? Lesen Sie die bestellten Zeitschriften wirklich? Kündigen Sie sofort, was Sie nicht mehr brauchen.

Verkleinern Sie Ihre CD- und Videosammlung

Inzwischen besitzen viele eine große Sammlung von CDs, DVDs und Videos. Aber wenn Ihre Regale schon aus allen Nähten platzen, ist es höchste Zeit fürs Entrümpeln.

Tipp 22 Sortieren Sie Videos, DVDs und CDs aus und werfen Sie weg, was Sie nicht mehr hören oder anschauen. Der Musikgeschmack ändert sich, und nur aus nostalgischen Gründen brauchen Sie keine CD aufzubewahren. Bei den Filmen seien Sie kritisch: Selbst aufgenommene Filme, die Sie innerhalb von drei Monaten noch nicht gesehen haben, werden Sie auch in Zukunft nicht anschauen.

Also weg mit den Kassetten. Und welchen bereits gesehenen Film möchten sie wirklich ein zweites Mal anschauen? Verschenken Sie großzügig oder werfen Sie das Aussortierte in den Müll. Manches lässt sich vielleicht auch noch verkaufen.

Freier Blick nach draußen

Mit Pflanzen oder Nippes zugestellte Fenster blockieren den Ausblick. Ein Zimmerurwald kann einengend wirken und schluckt zu viel Licht. Auch verwelkte, unansehnliche und kranke Pflanzen sollten Sie behandeln oder ausmisten. Sie transportieren keine gute Energie.

Überprüfen Sie Blumen, Zimmerpflanzen oder Kakteen und lichten Sie den Zimmerurwald. Vom praktischen Standpunkt aus mögen Kunst- oder Trockenblumen sehr nützlich sein, da sie keiner Pflege bedürfen. Aber sie strahlen keine Vitalität aus, sondern fangen nur den Staub ein, und das hinterlässt bei Besuchern einen sehr ungepflegten Eindruck. Wenn Sie jedoch unechte Blumen bevorzugen, müssen Sie diese unbedingt regelmäßig »entstauben«.

Tipp 23 Topfpflanzen können das Raumklima erheblich verbessern, da sie für eine angenehme Luftfeuchtigkeit sorgen. Allerdings gilt es auch hier, maßzuhalten. Achten Sie darauf, dass Ihre Pflanzen immer gut gepflegt und vor allem gesund sind. Befreien Sie die Zimmerpflanzen regelmäßig von verwelkten Blättern und Blüten.

Schaffen Sie Platz in Ihren Schränken

Müssen die überladen dekorierten Meißner Schalen, die hier seit Jahren im Schrank stehen und nie zum Einsatz kommen, wirklich bleiben? Sie sind ein Erbstück oder ein wertvolles Geschenk, lautet oft der Einwand. Na und? Wenn sie in Ihrem Leben heute keine Rolle spielen, sind sie nur Ballast.

Tipp 24 Starten Sie Ihren Ausverkauf nach dem Motto »alles muss raus« aus den Schränken. Dazu zählt alles, was keinen Nutzen mehr für Sie hat, auch wenn es teuer oder ein Geschenk war.

Vielleicht können Sie die Schalen über das Internet, auf Flohmärkten oder über eine Kleinanzeige verkaufen. Sicherlich freut sich aber auch ein Familienmitglied darüber. Eine andere Möglichkeit wäre, die »ehemaligen« Geschenke einer wohltätigen Organisation zu spenden oder an einen Trödelladen zu geben. Sollten Sie keine entsprechende Adresse finden, dann überwinden Sie Ihr schlechtes Gewissen und packen die Sachen in Kiste 4. Genieren Sie sich nicht, es wird Sie garantiert niemand danach fragen. Aber Ihnen geht es danach mit Sicherheit deutlich besser. Sie werden bald keinen Gedanken mehr daran verschwenden.

Tatort Küche

Werfen Sie mal einen genauen Blick in die Untiefen Ihres Kühlschranks. Tummeln sich da vielleicht Lebensmittel, deren Verfallsdatum längst abgelaufen oder deren Inhalt bereits von Schimmel besiedelt ist? Entfernen Sie die »Lebensmittelleichen« sofort!

Räumen Sie den Kühlschrank komplett aus, werfen

Sie weg, was abgelaufen oder nicht mehr in Ordnung ist.

Richtige Lagerung im Kühlschrank

Damit Lebensmittel im Kühlschrank eine lange Lebensdauer haben, sollten sie korrekt gelagert werden. In den beiden mittleren Fächern herrschen maximal 5 Grad, hier wird Leichtverderbliches wie Fisch, Fleisch und Wurst gelagert. Obst und Gemüse bleiben unverpackt im Bodenfach (Schublade) frisch, hier beträgt die Temperatur bis 10 Grad. Legen Sie Küchenkrepp auf den Boden, dies saugt die Feuchtigkeit auf. Im obersten Fach bei 8 Grad sind Milchprodukte und Käse gut aufgehoben. Die Türfächer sind mit 15 Grad für Eier, Senf, Butter, Mayonnaise, Ketchup oder Getränke ideal.

Tipp 25 Beim Einräumen hilft die FIFO-Methode: First-In-First-Out. Frisch Gekauftes wandert nach hinten, ältere Lebensmittel rutschen in die erste Reihe. Wenn Sie sich danach richten, behalten Sie leichter den Überblick über den Kühlschrankinhalt.

Reinigen Sie den Kühlschrank gründlich, bevor Sie die übriggebliebenen Sachen wieder zurückstellen. Entrümpeln Sie dabei auch gleich die Kühlfächer und werfen alles weg, was länger als sechs Monate oder ohne Haltbarkeitsdatum in der Truhe schlummert. Denn auch Tiefgefrorenes hat nur eine begrenzte Haltbarkeit. Bei der Gelegenheit können Sie das Fach oder die Truhe auch gleich abtauen. Bevor Sie die Kühlung dann wieder einschalten, wird das Gefrierfach natürlich gründlich gereinigt. Beim Einräumen von neu Gekauftem wenden Sie auch hier die FIFO-Methode an.

Alte Kräuter und Gewürze in den Müll

Getrocknete Kräuter und Gewürze sind zwar lange haltbar und werden selten »schlecht«, doch nach einer gewissen Zeit verlieren Sie an Aroma.

Tipp 26 Eine gute Alternative zu Gewürzpulver sind Gewürzkörner, die jeweils frisch gemahlen werden, sie behalten länger ihr frisches Aroma.

Durchforsten Sie Ihren Gewürzschrank nach alten Tütchen und Döschen, werfen Sie diese weg und ordnen sie neu. Sind Sie außerdem das ewige Suchen nach einem Gewürz leid? Dann wird nach dem Ausmisten konsequent Ordnung geschaffen: Füllen Sie die Gewürze in Gläser um, die Sie deutlich beschriften, und ordnen Sie diese übersichtlich an. Für die Gewürze, die Sie häufig verwenden, ist ein Gewürzregal praktisch. Falls Sie noch keines haben, sollten

Sie sich eines anschaffen. Vorratspackungen können Sie gut verschließen und zusammen in einer Dose verstauen. Dort halten sie das Aroma besser als im Schrank.

Checken Sie Ihre Teevorräte

Auch Tee überlebt nicht ewig und verliert mit der Zeit sein Aroma. Inspizieren Sie deshalb Ihre Teevorräte, checken Sie das Haltbarkeitsdatum und misten Sie aus.

Spenden Sie unverbrauchte Lebensmittel

Fragen Sie sich außerdem bei allen anderen Vorräten, ob angebrochen oder nicht: Werden Sie sie innerhalb der Haltbarkeitszeit wirklich verbrauchen? Falls nicht, steht Kiste 3 bereit. Sortieren Sie alles aus, von dem Sie wissen, dass Sie es spätestens bei der nächsten Entrümpelungsaktion wegwerfen werden. Vielleicht kennen Sie jemanden, der diese Lebensmittel gebrauchen kann. Oder Sie spenden sie: Es gibt inzwischen in jeder größeren Stadt eine »Tafel«, das sind Organisationen, die Lebensmittel sammeln (auch kürzlich abgelaufene) und an Bedürftige abgeben.

Kontrollieren Sie Vorräte in Speisekammern oder Vorratsschränken. Uralte Konserven und vergammelte Lebensmittel wandern sofort in den Müll. Angebrochene Packungen inspizieren Sie genau: Ist der Inhalt noch genießbar oder vielleicht von Schädlingen, zum Beispiel Lebensmittelmotten, befallen? In letzterem Fall sind sie sofort zu entsorgen, außerdem müssen Sie den Schrank oder das Regal besonders gründlich säubern, damit die Schädlinge sich nicht einnisten können.

Tipp 27 Vorsicht gilt bei Konserven mit gewölbtem Deckel, diese sind in jedem Fall zu entsorgen, denn sie sind vermutlich mit dem Bakterium Clostridium botulinum befallen, welches das hochgiftige Botulinumtoxin bildet. Schon eine Minidosis ist tödlich.

Entsorgen Sie angeschlagenes Porzellan

Alte und kaputte Gerätschaften können Sie getrost entsorgen. Für Porzellan, Gläser und Besteck gilt das Gleiche. Überprüfen Sie, was Sie wirklich noch benutzen oder was in Schränken oder Schubladen nur noch Platz wegnimmt. Angeschlagenes Porzellan sieht nicht schön aus, und auch Messer mit Rostflecken benutzen Sie sicher nicht besonders gerne.

Misten Sie kaputte Küchengeräte aus

Haushaltsgeräte sollen das Leben erleichtern. Aber tun sie das auch wirklich? Küchenutensilien sind nur von Wert, wenn sie sauber sind und ihre Funktion noch optimal erfüllen. Was funktioniert eigentlich noch und was kommt in Ihrer Küche tatsächlich zum Einsatz? Misten Sie überflüssige und kaputte Geräte rigoros aus. Manchmal tauchen beim Aufräumen längst vergessene Utensilien wieder auf. Auch diese werden aussortiert, denn was Sie seit Jahren nicht gebraucht haben, werden Sie auch in Zukunft nicht vermissen.

Tipp 28 Testen Sie alle Haushaltsgeräte noch mal gründlich auf ihre Funktionsfähigkeit. Trennen Sie sich z. B. von einem Waffeleisen, bei dem die Temperaturregelung nicht mehr funktioniert. Achten Sie dabei auch auf die Vollständigkeit. Ein Handmixer mit nur einem Schneebesen taugt nichts mehr.

Tatort Schlafzimmer

Im Schlafzimmer verbringen wir ein Drittel unseres Lebens, und ein tiefer, ungestörter Schlaf ist die wichtigste Quelle zum Auftanken. Deshalb ist das Schlafzimmer ein besonderer Raum, in dem keine Störungen auftreten dürfen. Außerdem ist es der privateste Raum innerhalb der Wohnung oder des Hauses und hat entscheidenden Einfluss auf die Partnerschaft. Das Schlafzimmer soll einen gesunden, tiefen Schlaf

und das Liebesleben fördern. Wer sich morgens un-
ausgeschlafen, schlapp und zerschlagen fühlt, leidet
wahrscheinlich unter Störzonen in diesem Raum.
Deswegen kommt dem Schlafbereich eine sehr große
Bedeutung zu. Doch seltsamerweise unterschätzen
viele die Wirkung des Zimmers und seiner Einrichtung auf den Schlaf.

Das Schlafzimmer sollte kein Mehrzweckraum sein

Da in der Regel das Schlafzimmer vor fremden Blicken verschlossen bleibt, landet hier häufig viel Gerümpel: Sportgeräte, Nippes, Kisten, Computer, Bücher, Zeitschriften, Aktenordner, Wäsche zum
Trocknen, Schmutzwäsche etc. – ein wildes Sammel-
surium von Dingen, die in diesem Raum überhaupt
nichts zu suchen haben. Und der Krempel ist präsent,
auch wenn Sie sich hier überwiegend mit geschlosse-
nen Augen aufhalten. Er raubt Ihnen Energie und
stört Ihren erholsamen Schlaf.

> Wenn Sie im Bett liegen, sollte Ihr Blick nicht auf
> eine Arbeitsecke oder auf die Bügelwäsche fal-
> len.

Tipp 29 Setzen Sie sich aufs Bett und sehen Sie sich in aller Ruhe um: Herrscht angenehme Ordnung oder hat sich im Laufe der Zeit jede Menge Krimskrams angesammelt? Wenn Sie schlecht schlafen oder morgens wie gerädert aufwachen, kann das Gerümpel eine Ursache dafür sein.

Misten Sie Ihren Nachtschrank aus

Entfernen Sie überflüssige Dekorationsgegenstände und betrachten Sie Ihr Nachtschränkchen genauer: Ist der Wecker vor lauter Zeitschriften, Notizzetteln, Büchern und Taschentüchern kaum mehr zu sehen? Und werfen Sie auch einen kritischen Blick in die Schubladen. Brauchen Sie das wirklich alles direkt neben Ihrem Bett? Sicher nicht, also misten Sie aus: Werfen Sie weg, was Sie nicht mehr lesen oder benutzen, und der Rest wird ordentlich aufgeräumt oder dorthin gebracht, wo er hingehört.

Die Raumteiler-Lösung

Steht in Ihrem Schlafzimmer ein Heimtrainer oder haben Sie hier Ihre Fitnessecke eingerichtet? Dann sollten Sie umdenken: Im Schlafzimmer sollen Sie ungestört schlafen können, für anstrengende sportliche Aktivitäten ist es der falsche Ort. Bevor Sie die Geräte woanders unterbringen, fragen Sie sich ehrlich: Benutzen Sie beispielsweise den Stepper und die Hanteln noch oder haben sie lediglich Alibifunktion? Wenn ein Sportgerät nicht zum Einsatz kommt, sollten Sie es weggeben.

Befindet sich im Schlafzimmer ein Arbeitsbereich, stört dies meist den ruhigen Schlaf. Schreibtische sind selten ordentlich aufgeräumt. Wer vom Bett aus darauf schaut, wird ständig Unruhe und ein schlechtes Gewissen verspüren.

Raumteiler-Tipp 30 Am besten ist es, den Arbeitsbereich in einen anderen Raum zu verlagern. Ist das aus Platzgründen nicht möglich, sollten Sie wenigstens eine optische Grenze ziehen, z. B. einen Raumteiler oder ein Regal aufstellen. Außerdem sollte der Schreibtisch, wenn er im Schlafzimmer bleiben muss, möglichst immer abends tipptopp aufgeräumt sein, die Utensilien und Unterlagen sollten in einem Schrank verschwinden.

Befreien Sie Ihr Bett von Staub

Lüften Sie bei dieser Gelegenheit gleich auch Matratzen, Bettdecken und Kopfkissen gründlich aus. Legen Sie ein feuchtes Tuch auf die Matratze, nehmen Sie einen Teppichklopfer oder Tennisschläger und klopfen Sie die Matratze gründlich aus. Staub, Hautreste und Milben werden aufgewirbelt und bleiben im feuchten Tuch hängen. So können Sie die Hausstaubmilben, die sich unweigerlich in den Betten befinden, zwar nicht völlig vermeiden, aber eindämmen. Krempel, der unter dem Bett oder auch hinter der Tür versteckt ist, muss raus!

> Ein Blick unters Bett bringt oft verborgene Staubfänger zum Vorschein.

Tatort Kleiderschrank

Der Kleiderschrank schließt sämtliche Aufbewahrungsorte Ihrer Kleidung, wie Kommoden oder Regale, mit ein. Die erste Regel lautet hier: Die Kleidung sollte sich in den Schränken befinden! Schließlich ist Ihr Schlafzimmer kein begehbarer Kleiderschrank. Was nicht mehr hineinpasst, landet gerne auf dem Schrank. Hier sammelt sich in der Zwischenzeit viel Staub an, der Ihren Schlaf stört.

Vereinfachen Sie Ihre Garderobe

Räumen Sie als Erstes alles weg, was auf den Schränken liegt, und trennen Sie sich dabei von Überflüssigem. Sortieren Sie die Fächer nach und nach aus. Fangen Sie zum Beispiel mit den Kleidungsstücken an, die im Schrank hängen, danach kommen nacheinander die Fächer mit den T-Shirts, den Pullis und den Hosen an die Reihe. Es folgen die Schubladen oder Fächer mit Unterwäsche und Socken etc. Erst wenn ein Fach fertig ausgemistet ist, kommt das nächste dran beziehungsweise nach dem kompletten Schrank die Kommode.

Tipp 31 Machen Sie mit Ihrer Kleidung einen Jahres-Check nach dem Motto: Alles, was zwölf Monate ungetragen im Schrank hängt, muss raus. Denn wenn Sie innerhalb eines Jahres nicht ein einziges Mal das Bedürfnis verspürt haben, ein bestimmtes Kleidungsstück zu tragen, dann hat es sein Verfallsdatum überschritten und nichts mehr in ihrem Kleiderschrank verloren.

Testen Sie, ob Ihnen die Kleidung noch steht

Trennen Sie sich von Kleidern, die nicht mehr passen. Vor allem Frauen behalten gerne Kleidungsstücke, in die sie mal vor Jahren hineingepasst haben. Doch mit der Zeit verändert sich die Figur. Es bleibt der Traum, wieder so wie früher auszusehen und die dazugehörigen Röcke und Hosen wieder tragen zu können. Schlüpfen Sie in jedes Teil hinein, stellen Sie sich vor den Spiegel und testen Sie kritisch, ob es Ihnen noch passt, gefällt und steht.

Sortieren Sie die alten Sachen aus und packen Sie sie in Kiste 3. Freuen Sie sich über den gewonnenen Platz und kaufen Sie sich dafür lieber ein neues, schönes Teil, das Ihrer aktuellen Figur schmeichelt. Das macht mehr Freude als die Erinnerung an vergangene, nie mehr wiederkehrende Zeiten. Wenn Sie sich von der alten Kleidung trennen, geben Sie auch Ihren inneren Widerstand zu Ihrer Figur auf. Erst dann können Sie sich annehmen, wie Sie sind, und daraus das Beste machen.

> Freuen Sie sich über wiedergewonnenen Platz im Kleiderschrank – für Ihre neue Garderobe!

Raus mit den Fehlkäufen

Doch nicht nur alte und zu klein gewordene Sachen werden aussortiert. Sie haben bestimmt auch Kleidungsstücke im Schrank, die recht neu sind, jedoch ein Fehlkauf waren, weil sie doch nicht richtig passen, die falsche Farbe haben etc. Auch die gehören in Kiste 3!

Kaputte Kleidung in den Müll

Sachen, die kaputt sind oder Flecken haben, schauen Sie besonders genau an: Würden Sie sie wieder tragen, wenn sie ausgebessert beziehungsweise wieder

sauber sind, und wollen Sie sich die Mühe machen?
Wenn nein, dann kommen sie in Kiste 4. Wenn ja,
legen Sie sie beiseite, aber setzen Sie sich eine Frist,
innerhalb deren Sie die Sachen instand setzen. Ist die
Frist verstrichen, ohne dass etwas passiert ist, kommen die Sachen in den Müll. Sind die Sachen nicht
mehr zu flicken oder ausgeleiert, verwaschen und
keinem mehr zuzumuten, stellt sich die Frage erst
gar nicht. Weg damit!

Schaffen Sie Ordnung
in Ihrem Kleiderschrank

Was Sie täglich brauchen und am liebsten anziehen,
sollte griffbereit oder in Sichthöhe untergebracht
sein. Wer sich täglich nach Pullovern oder Hemden
strecken muss, wird kaum Ordnung halten können.
Dafür kann die Kleidung, die Sie selten oder nur zu
bestimmten Anlässen tragen, »nach oben« wandern.
Eine kleine Trittleiter ist für große Schränke unver-
zichtbar.

Tipp 32 Sortieren Sie Ihre Winter- und Sommerklei-
dung. Räumen Sie die Sachen je nach Jahreszeit in
griffbereite Fächer in den Schrank ein. Auf diese Weise müssen Sie nicht die dicken Winterpullis durch-
wühlen, um an die T-Shirts heranzukommen.

Wollsachen lagern Sie mit Zedernhölzern oder Lavendelkissen ein, um Motten fernzuhalten. Grundsätzlich sollte die Kleidung, die für eine Saison weggeräumt wird, sauber und in Ordnung sein. Bringen Sie den Mantel oder das Kostüm vorher noch zur Reinigung, reparieren Sie kaputte Nähte oder Reißverschlüsse und nähen Sie fehlende Knöpfe an.

Tipp 33 Legen Sie beim Einräumen der Tisch- und Bettwäsche ein kleines Duftkissen (z. B. mit Lavendel oder Minze) oder eine Duftseife dazu, damit alles schön frisch und sauber riecht.

Verkleinern Sie Ihre Tischdeckensammlung

Nehmen Sie sich auch die Tisch- und Bettwäsche vor. Brauchen Sie wirklich zwanzig Tischdecken, wenn Sie einen schönen Holztisch haben und Sets bevorzugen? Und was ist mit der Bettwäsche, die für die neuen Betten zu klein ist, aber trotzdem noch im Schrank liegt? Gehen Sie alles durch und entscheiden Sie sich schnell: Was noch gut ist, aber überflüssig, kommt in Kiste 3. Wäschestücke mit kaputten Nähten oder fehlenden Knöpfen legen Sie beiseite, damit Sie sie baldmöglichst ausbessern können. Die verbleibende Wäsche räumen Sie dann so ordentlich wie möglich wieder ein.

Tatort Bad & WC

Bäder und Toiletten sind wichtige Teile Ihres Zuhauses, und dort sollten Sie sich natürlich wohl fühlen. Immerhin beginnt hier Ihr Tag, und ein angenehmer Anblick am frühen Morgen ist jedem zu wünschen.

Trennen Sie sich von Staubfängern

In den meisten Badezimmern tummeln sich Cremes, Duschgels, Badezusätze und Seifen jeder Art auf den Ablageflächen. Die nett gemeinten dekorativen Geschenke und die Pröbchen aus Hotels oder Parfümerien fristen hier ein nutzloses Dasein. Zudem erschweren sie das Saubermachen und verursachen hässliche Ränder auf den Regalen. Höchste Zeit, den alten Muff loszuwerden und frischen Wind hereinzulassen. Sortieren Sie die Badezusätze, Duschgels und Seifen aus.

> Parfümflaschen und Badeutensilien sollten nicht als Staubfänger in Ihrem Badezimmer rumstehen.

Fegen Sie wie »Meister Proper« durch Badezimmer und Toiletten. Was Sie nicht benutzen, wird gnadenlos entsorgt, auch wenn es noch so hübsch aussieht. Ab damit in Kiste 4. Nur das, was Sie tatsächlich benutzen, darf bleiben, und wenn es möglich ist, räumen Sie die Fläschchen und Döschen in den Schrank.

Tipp 34 Handtücher und Waschlappen, die regelmäßig benutzt werden, nutzen sich mit der Zeit ab und verlieren Farbe oder werden grau. Diese farblosen und ausgefransten Handtücher sehen nicht nur hässlich aus, sie mindern auch den Energiefluss im Bad. Machen Sie eine gründliche Inventur und werfen Sie alte Handtücher raus – vielleicht ist das eine oder andere ja noch als Putzlappen gut.

Abgelaufene Kosmetika in den Müll

Sortieren Sie auch Düfte und Kosmetika aus und trennen sich von allem, was Sie nicht mehr benutzen. Die vielen hübschen Flakons mit teilweise nur noch wenig Inhalt mögen zwar dekorativ aussehen, aber letztlich erfüllen sie keinen sinnvollen Zweck. Wozu noch ein Parfüm aufbewahren, das Sie nicht mehr riechen können? Ihr Geschmack ändert sich und damit auch der Duft, der zu Ihnen passt. Behalten Sie daher nur die Parfüms, die Sie noch verwenden.

Außerdem verfliegt mit der Zeit der Duft! Auch Kosmetika sind nicht ewig haltbar: Wimperntusche trocknet ein, auf Lippen- oder Kajalstiften können sich Keime ansiedeln.

Trennen Sie sich von allen Kosmetikprodukten, die schon länger als ein Jahr in Ihrem Bad herumliegen. Nicht zuletzt spielt die Mode eine Rolle. Das fast noch volle Fläschchen Nagellack mit der unmodernen Farbe können Sie getrost entsorgen, Sie werden ihn nicht mehr benutzen.

Übersichtlichkeit in Ihrer Hausapotheke

In vielen Bädern befindet sich auch die Hausapotheke. Und wenn Sie schon durchs Bad wirbeln, warum nicht auch durch den Medizinschrank? Ist Ihre Hausapotheke noch komplett, haben Medikamente nicht schon ihre Haltbarkeit überschritten? Wenn Sie Tabletten ohne Verpackung finden und nicht wissen, worum es sich dabei handelt, sollten Sie diese gleich beseitigen. Da es sich nicht um Sondermüll handelt, dürfen alte Medikamente in den Abfall. Räumen Sie die Medikamente anschließend übersichtlich wieder ein.

Tipp 35 Wenn Sie die Sachen in einem Schrankfach oder einer Schublade aufbewahren, sind kleine Schachteln praktisch, in die Sie die Medikamente nach Gruppen sortieren, beispielsweise alle Schmerzmittel oder sämtliches Verbandszeug. Beschriften Sie zudem die Schachteln, dann kann sich jeder schnell zurechtfinden.

Tatort Kinderzimmer

Wenn Sie nicht wollen, dass Ihre Kinder später mal schlampig werden und dann selbst im Gerümpel ersticken, sollten Sie ihnen ein gutes Vorbild in puncto Ausmisten und Aufräumen sein. Gleichzeitig sollten Sie den Kleinen auch vermitteln, welche positiven Wirkungen das Entrümpeln auf die Psyche hat.

> Kinder brauchen ausreichend Raum und gesunde Ordnung, um sich entfalten zu können.

Raum für Bewegung

Die Kleinen haben normalerweise einen großen Bewegungsdrang und sollten ungehindert in ihrem Zimmer herumtollen können. Wenn das Kinderzimmer zu klein ist, wäre ein Zimmertausch sinnvoll, z. B. mit dem größeren Schlafzimmer der Eltern. Überlegen Sie, ob es solche Tauschmöglichkeiten bei Ihnen gibt. Falls ja, planen Sie dafür jedoch ein anderes Wochenende ein. Heute gilt Ihre Aufmerksamkeit nur dem Entrümpeln!

Gemeinsam die Spielsachen ordnen

Bringen Sie Ihrem Kind bei, dass am Ende eines Spiels die Spielsachen aufgeräumt werden und dass ein Zimmer kein Schlachtfeld ist. Zum regelmäßigen

Aufräumen der Spielsachen eignen sich verschiedene Plastikboxen, in die sie, nach Vorstellung des Kindes, eingeordnet werden können. Jedes Kind hat über seine Spielsachen selbst zu entscheiden. Zum Ausmisten genügen drei Kisten: 1, 3 und 4. Dabei kommen Spielsachen, mit denen Ihr Kind nicht mehr spielt, in Kiste 3, kaputte und schäbige Sachen kommen in Kiste 4. Alles, was bleibt, wird aufgeräumt und verstaut.

Tipp 36 Gewöhnen Sie es sich an, regelmäßig alte Spielsachen auszusortieren, und machen Sie Ihrem Kind klar, dass sich andere Kinder über diese Sachen freuen.

Motivierter durch Entrümpelungsrituale
Machen Sie den Tag, an dem ausgemistet wird, zu einem besonderen Tag, an dessen Ende vielleicht auch eine Belohnung auf das Kind wartet. Dann freut es sich beim nächsten Mal darauf.

Und wenn die Kinder älter sind?
Die meisten Zimmer von Teenagern sind für die Eltern ein Horror. Die Bitte oder Aufforderung, das Chaos endlich aufzuräumen, verhallt ungehört. Dies ist normalerweise kein Grund zur Sorge, denn wie wir wissen, spiegelt die direkte Umgebung den inneren Zu-

stand wider und umgekehrt. Die Pubertät, die eine Zeit des Umbruchs und der Neuorientierung ist, äußert sich daher zwangsläufig in äußerer Unordnung. Das Innenleben des Teenagers ist aus dem Gleichgewicht geraten, da kann außen keine Harmonie herrschen.

Finden Sie gemeinsam einen Kompromiss

Für Sie als Eltern bedeutet dies, sich in Geduld zu üben. Auf keinen Fall dürfen Sie unerlaubt im Zimmer des Teenagers aktiv werden. Akzeptieren Sie seine Privatsphäre. Machen Sie sich klar, dass das Durcheinander vor allem Ausdruck des inneren Chaos und der Identitätssuche ist. Suchen Sie einen Kompromiss, versuchen Sie zu überzeugen und Lösungen zu finden, mit denen jeder in der Familie leben kann. Ständiges Nörgeln über die Unordnung anderer hat meist nur eine Folge: Verweigerung. Gerümpel und Unordnung sind jedermanns eigene Sache. Aber oft hilft es, mit gutem Beispiel voranzugehen.

> Haben Sie Geduld mit Teenagern, akzeptieren Sie die Privatsphäre und werden Sie nicht unerlaubt aktiv.

Tatort Abstellkammer

Bei dem Gerümpel in Abstellräumen handelt es sich zum großen Teil um Sachen, die man im Grunde nicht mehr braucht. Wenn Sie viele Dinge haben, die Sie aufheben wollen oder müssen, dann ordnen Sie sie wenigstens. Nur machen Sie sich immer wieder klar, wenn Sie etwas aufheben und verstauen wollen: Solange Sie an den Dingen festhalten, gibt es keinen Platz für Neues. Oft erzeugt die Ansammlung von Gerümpel auch große Abneigung davor, und man mag den vollgestopften Raum gar nicht betreten. Dann ist es allerhöchste Zeit, genau das zu ändern!

Auch in Stauräumen sollte Ordnung herrschen

Entrümpeln Sie die Abstellräume und organisieren den Stauraum neu. Abstellräume sind wichtig, werden aber in aller Regel bei der Gestaltung einer Wohnung nicht mit einbezogen. Was sich hinter der Tür zu der geheimen Kammer abspielt, sieht ja sowieso niemand. Aber die angebliche Unsichtbarkeit entfernt ja nicht das Innenleben der Kammer. Dieser kleine Raum ist Teil Ihres Zuhauses und sollte auch entsprechend gewürdigt werden. Unterschätzen Sie nicht die Wirkung Ihrer Rumpelkammer auf Ihr Wohlbefinden und machen Sie sich ans Entrümpeln.

> Misten Sie vor allem Abstellräume regelmäßig aus, sonst herrscht dort nach kurzer Zeit wieder Chaos.

Tipp 37 Räumen Sie den Abstellraum komplett aus und verteilen Sie alles auf die vier Kisten. Alles, was überflüssig, verbraucht und alt ist, hat dort nichts mehr verloren und landet in Kiste 4. Wozu dieses Gerümpel aufheben? Es staut nur die Energie. In Stauräumen sollten nur Dinge verwahrt sein, die wirklich noch gebraucht werden.

Alles auf einen Blick

Bringen Sie bei Bedarf zusätzliche Regale an. Hierbei ist es sinnvoll, Regale oder Kisten so zu organisieren, dass alles übersichtlich darin verstaut werden kann. Sie sollen sich in dem Raum zukünftig schnell zurechtfinden und alles bei Bedarf sofort zur Hand haben.

Tatort Arbeitszimmer

Bekommen Sie beim Blick auf den Schreibtisch schon die Krise? Der Stapel mit dem Unerledigten wächst und wächst, Papiere und Unterlagen bilden allmählich schwindelerregende Türme, nichts ist mehr da, wo es sein sollte. Am liebsten würden Sie dem Chaos gleich wieder den Rücken kehren, oder? Halt, machen Sie jetzt lieber Schluss damit und schaffen Sie eine dauerhafte, funktionierende Ordnung. Arbeitszimmer oder Büro sollten die Konzentration fördern,

79

die Kreativität beflügeln und die Lust an der Arbeit steigern. Fühlen Sie das in Ihrem Arbeitszimmer? Nein. Aber das wird sich ändern. Am Ende dieser Aktion werden Sie stolz und zufrieden auf Ihren Arbeitsplatz blicken.

Was Ihr Schreibtisch über Sie verrät

Was drückt ein leerer, aufgeräumter Schreibtisch eigentlich aus? Dass Sie organisiert sind, Dinge zeitnah erledigen und delegieren können, dass Sie Ihre Arbeit im Griff haben und mit Energie bei der Sache sind. Ein wunderbarer Eindruck, oder? Dort, wo sich die Unterlagen stapeln, herrscht Unordnung, werden Termine nicht eingehalten, Sachen verschlampt und Arbeiten nicht optimal erledigt.

> Der Platz, an dem wir arbeiten, entscheidet über das Gelingen und den Erfolg.

Steigern Sie Ihre Arbeitslust

Schaffen Sie neue Ordnung im Arbeitszimmer und steigern Sie so Ihre Arbeitslust. Nehmen Sie sich zuerst den Schreibtisch vor und beginnen Sie damit, die Tischplatte und die Schubladen zu leeren. Die funktionierenden Schreibgeräte legen Sie in eine kleine Kiste, sie werden später in einer Schublade verstaut.

Gleiches gilt für Büroutensilien: Heftklammern, Kleber, Schere etc. sollten zusammen in einer Schublade Platz finden. Alle Dinge, die bleiben, werden am Ende in den sauberen Schreibtisch wieder eingeräumt, und zwar mit System.

Der richtige Platz für Ihr Home-Office

Zu Hause zu arbeiten hat Vor- und Nachteile. Es entfallen zwar Anfahrtswege, aber es ist nicht immer einfach, Privatleben und Job auseinanderzuhalten. Deshalb sollte der erste Blick beim Betreten der eigenen vier Wände nicht sofort auf den Arbeitsplatz fallen. Eine räumliche Trennung, also ein eigenes Arbeitszimmer, wäre ideal. Muss die Arbeitsecke jedoch in einen anderen Lebensbereich integriert werden, helfen Paravents, Pflanzen oder Raumteiler.

Tipp 38 Nach Beendigung der Arbeit sollte stets der gesamte Arbeitsplatz aufgeräumt und der Papierkorb ausgeleert werden. Um die Arbeitsfläche frei zu halten, eignet sich ein Beistelltisch oder ein kleines Regal für die Ablage.

Das richtige Ablagesystem

Sortieren Sie die Papiere und richten Sie ein Ablagesystem ein. Nehmen Sie sich dann alle Unterlagen vor, die herumliegen, und beginnen Sie mit einer groben Vorsortierung; die richtige Ablage kommt danach. Forsten Sie alle Papiere durch und machen Sie drei Stapel:

* *Stapel 1: Wegwerfen. Alles, was auf Stapel 1 liegt, kommt direkt in den Müll.*
* *Stapel 2: Abheften. Die Unterlagen, die Sie auf Stapel 2 gesammelt haben, werden abgeheftet. Wenn Sie noch keine entsprechenden Ordner angelegt haben, haben Sie jetzt die Gelegenheit, es zu tun. Sie sollten eindeutig beschriftet sein. Heben Sie Unterlagen nur auf, wenn diese wichtig sind, und misten Sie Verjährtes oder Beendetes regelmäßig aus. Entwickeln Sie ein Ordnersystem, das für Sie leicht durchschaubar und zu handhaben ist.*
* *Stapel 3: Erledigen. Jede unerfüllte Aufgabe beschäftigt uns bewusst oder unbewusst. Genauso ziehen unerfüllte Versprechen oder Zusagen Energie von uns ab. Gewöhnen Sie sich also am besten an, Post und Rechnungen sofort zu erledigen. Sie werden merken: Wer seine Rechnungen schnell bezahlt, muss selbst nicht lange auf Zahlungen warten. Legen Sie die Sachen, die Sie zu einem bestimmten Termin brauchen, in eine Wiedervorlagemappe mit Kalendarium. Wenn Sie Ihre Termine unter Kontrolle haben, können die Aufgaben Sie nicht mehr dominieren und überfordern.*

Natürlich kommt es vor, dass Papiere ein paar Tage liegenbleiben, bis sie bearbeitet, abgeheftet oder entsorgt werden können. Doch das birgt immer die Gefahr in sich, dass ein neuer Stapel entsteht.

Tipp 39 Um das zu verhindern, eignet sich ein einfaches Ablagesystem, in dem Sie die Unterlagen grob vorsortieren, bis Sie Zeit zur Bearbeitung haben. Dafür genügen schon drei Fächer, in die Sie die Papiere je nach Art zwischenlagern:

* wahrscheinlich wegwerfen
* abheften und
* erledigen.

Bücher im Arbeitsbereich

Diese Sammlungen lassen sich auch von Zeit zu Zeit neu organisieren. Sind die Bücher noch von Belang und aktuell? Falls Sie alte Bücher nicht mehr lesen, machen Sie sich frei davon. Vertrauen Sie auf Ihre Fähigkeiten und die Möglichkeit, wichtige Informationen bei Bedarf neu beschaffen zu können. Unterlagen, die zu abgeschlossenen Projekten gehören, können nach Beendigung meist komplett im Müll verschwinden. Das macht Ihren Kopf wieder frei für neue Ideen und Projekte.

Tipp 40 Trennen Sie sich von Fachbüchern und misten Sie Fachartikel aus. Bei beidem gibt es ein Verfalls- datum. Unterscheiden Sie, was Sie wirklich für eine Recherche noch mal brauchen können, und heften Sie es in einem dafür angelegten Ordner ab. Alte Fachzeitschriften und Artikel sollten aber nicht zu einem Berg anwachsen.

Ordnung auf Ihrem Computer

Auch der Computer muss gelegentlich entrümpelt werden. Löschen Sie alte Texte und Dateien und schaffen Sie im Speicher Platz für Neues. Alles, was Computer und Kommunikation betrifft, sollten Sie zusammen in einem Schrank oder einer Kiste lagern. Dann ist alles an einem Platz, und Sie müssen nicht lange suchen, wenn Sie etwas brauchen.

Tatort Dachboden

Heute gibt es nur noch in wenigen Häusern den klas- sischen Speicher. Wenn Sie jedoch ganz oben im Haus einen solchen Abstellbereich haben, sollten Sie diesen natürlich auch entrümpeln. Das Ausräumen und Ausmisten des Dachbodens wird Ihnen neue Luft zum Atmen geben. Das Entsorgen des alten Krempels wirkt wie ein Befreiungsschlag. Und wenn Sie hier oben auch noch irgendwelche geschenkte

Dinge finden, dann werfen Sie Ihr schlechtes Gewissen samt überflüssiger Geschenke über Bord.

Tipp 41 Überprüfen Sie auch Dinge, die Sie hier für Eventualitäten horten. Warum bewahren Sie dieses ganze Zeug eigentlich auf? Auf die Reaktion »Das ist doch noch gut!«, müssen sofort drei einfache Fragen folgen: »Für wen? Wozu? Wann?« Wenn Sie darauf schnell eine klare Antwort finden, dann behalten Sie die Sachen. Falls nicht: weg damit!

Tatort Garage

Haben Sie bisweilen das Gefühl, nicht voranzukommen oder irgendwie steckenzubleiben? Ein Blick in die Garage kann da möglicherweise Aufschluss geben.

Die Garage wird häufig zweckentfremdet

Steht bei Ihnen alles, was Sie in Rumpelkammer, Keller oder Speicher nicht mehr unterbringen konnten, in der Garage? Muss vielleicht sogar das Auto draußen bleiben, weil in der Garage kein Platz mehr dafür ist? Lassen Sie nicht zu, dass vor lauter Gerümpel nicht mal mehr das Auto in der Garage stehen kann. Trennen Sie sich schnell von dem alten Krempel. Die Garage ist kein Lager für Gegenstände, die Sie eigentlich loswerden wollen.

Auch wenn die Garage abseits des Hauses liegt, haben die hier abgestellten Dinge eine störende Wirkung. Nur weil Sie das Gerümpel nicht sehen, hat es sich nicht in Luft aufgelöst.

Tipp 42 Das gehört wirklich in die Garage: Alles, was direkt mit dem Auto und Ihrer Fortbewegung in Verbindung steht, z. B. Autoreifen, Dachgepäckträger, Kanister und Werkzeug. Um Platz für das Auto zu haben, können Sie vieles auch gut an den Wänden aufhängen. Die Einfahrt und der Boden der Garage sollten absolut hürdenfrei sein, damit Sie problemlos mit dem Auto ein- und ausfahren können.

Tatort Auto

Ein Auto stellt für den Besitzer ein kleines Universum dar. Wenn Sie Ihr Zuhause und Ihre Garage auf Vordermann gebracht haben, vergessen Sie Ihr Auto nicht. Verhindern Sie, dass Ihr Wagen zum Müllauto wird und Sie Gerümpel durch die Gegend transportieren. Entrümpeln Sie Auto und Kofferraum für mehr Fahrvergnügen. Dazu zählen auch die Seitenfächer, Ablagen und der Raum unter den Sitzen. Hier befindet sich meist alles Mögliche, was dort nicht hingehört. Entrümpeln Sie auch den Kofferraum.

Es muss keine klinische Sauberkeit herrschen, aber denken Sie daran, dass auch Ihr Auto eine Art Visitenkarte ist. Lassen Sie den Wagen regelmäßig waschen, dann macht das Fahren gleich wieder viel mehr Spaß.

Bringen Sie Ihr Auto auf Hochglanz

Stellen Sie sich einfach vor, Sie wollten Ihren Wagen verkaufen. Dann muss erst mal alles, aber auch wirklich alles raus. Und danach kommen Staubsauger und feuchte Lappen zum Zug.

Tipp 43 Mit Cockpit-Spray von der Tankstelle behandelt, sehen alle Plastikoberflächen wie neu aus. Nach dem Entrümpeln geht es darum, Ihr Auto wie eine Wohnung einzurichten, so dass Sie sich auf Dauer darin wohl fühlen können und sich seiner nie mehr schämen müssen.

Zu guter Letzt

Wenn Sie das ganze Haus, den Dachboden und die Garage erfolgreich entrümpelt haben, vergessen Sie hinterher nicht die Grundreinigung! Wischen Sie alles feucht ab. Empfindliche Oberflächen säubern Sie mit einem Staubtuch. Böden werden gefegt und gewischt oder gesaugt, auch Bücher und Ordner kann man gut absaugen. Und lüften Sie die Räume gründlich durch.

Wenn Sie genügend Zeit und die Möglichkeit haben, klopfen Sie die Teppiche draußen aus. Waschbare Teppiche stecken Sie in die Waschmaschine. Das gilt auch für Gardinen, Vorhänge, Decken etc. Flecken auf dem Teppich oder auf den Polstern werden nach Möglichkeit entfernt. Und Fensterputzen nicht vergessen!

Tipp 44 Gerade die größeren Arbeiten können Sie auch auf einen anderen Termin verlegen – aber warten Sie nicht zu lange damit. Schieben Sie das Putzen also nicht immer ewig vor sich her.

Ohne Gerümpel in die Zukunft: So behalten Sie das Chaos im Griff!

Wenn Sie die vorangegangenen, praktischen und einfachen Tipps Schritt für Schritt in die Tat umsetzen, schaffen Sie es schnell und problemlos, Ordnung in Ihr Zuhause zu bringen. Haben Sie nur einen Tipp zum Aufräumen umgesetzt, ist für Sie der Anfang gemacht. Dabei werden Sie feststellen, wie leicht es ist, einen Haushalt zu entrümpeln oder Ihren Schreibtisch in den Griff zu bekommen.

> Freuen Sie sich über jede Aktion, mit der Sie etwas von Ihrem alten Krempel losgeworden sind.

Nur wenige Handgriffe sind nötig

Damit nach dem Entrümpeln aber nicht so schnell wieder das alte Chaos durchbricht, müssen Sie am Ball bleiben. Fallen Sie also nicht in alte Verhaltensmuster zurück, sondern nehmen Sie sich die nächsten Tipps ganz besonders zu Herzen. Dann werden Sie nie mehr das Gefühl haben, dass Ihnen der Krempel über den Kopf wächst, Ihnen die Kraft raubt und alles zuschnürt. Sie haben dann die Macht über das Gerümpel und nicht das Gerümpel über Sie.

Tipp 45 Halten Sie durch viele kleine Handgriffe das Gerümpel in Schach. Es ist keine Zauberei, auch in Zukunft die Unordnung so einzudämmen, dass sie erst gar nicht wieder aufkommt.

Diese kleinen Handgriffe sorgen dafür:

* *Leeren Sie täglich die Papierkörbe aus; auch im Computer!*
* *Entsorgen Sie verblühte Blumen und Pflanzen sofort.*
* *Sammeln Sie keinen Nippes auf Fensterbänken an.*
* *Stellen Sie nichts mehr hinter den Türen ab.*
* *Denken Sie beim Abstellen nie mehr: »nur vorübergehend«.*
* *Checken Sie regelmäßig Schränke und Schubladen.*
* *Entfernen Sie für ein neues Buch ein altes.*
* *Lassen Sie kaputte Dinge sofort reparieren.*
* *Werfen Sie Sachen, die nicht mehr zu reparieren sind, weg.*
* *Sortieren Sie Kleider aus, die ein Jahr nicht getragen wurden.*
* *Werfen Sie für ein neues Paar Schuhe ein altes Paar weg.*
* *Hängen Sie die Garderobe nicht total voll.*
* *Beantworten Sie Briefe zeitnah.*
* *Bezahlen Sie Rechnungen sofort.*

* *Räumen Sie abends Ihren Schreibtisch auf.*
* *Hüten Sie sich vor neuen Sammlungen.*
* *Prüfen Sie regelmäßig Ihre Sachen: Was kann weg?*
* *Misten Sie Keller, Speicher und Abstellkammern regelmäßig aus.*
* *Reinigen und lüften Sie Ihre Wohnung regelmäßig.*
* *Geben Sie wichtigen Dingen einen angemessenen Platz.*
* *Setzen Sie auf Qualität statt auf Quantität.*
* *Schaffen Sie in jedem Raum eine leere Fläche.*
* *Seien Sie ein Vorbild, aber üben Sie sich in Toleranz.*
* *Lassen Sie die Finger von den Sachen des Partners.*

Jeder Gegenstand hat seinen Bestimmungsort

Stellen Sie sich vor, dass der Gegenstand durch einen langen roten Faden mit seinem ursprünglichen Aufbewahrungsort verbunden bleibt. Sie müssen aufräumen und Ordnung halten, denn nach Gebrauch will er an diesen Ort zurück, und er wird magisch durch den roten Faden dorthin gezogen. Tun Sie ihm den Gefallen und bringen Sie ihn zurück. Das ist mehr, als wenn Sie einfach nur aufräumen: Sie schaffen dauerhaft Ordnung! Sorgen Sie deshalb dafür, dass möglichst wenige Fäden durch Ihre Wohnung laufen.

Tipp 46 Wenn Sie etwas benutzt haben und dann nicht mehr gebrauchen, legen Sie es gleich wieder an seinen ursprünglichen Ort zurück. Lassen Sie nicht erst Zeit verstreichen, in der Sie schon wieder mit ganz anderen Dingen beschäftigt sind. Legen Sie das Werkzeug wieder in den Werkzeugkasten, bringen Sie die Schere vom Wohnzimmer ins Arbeitszimmer zurück, stellen Sie das Buch zurück ins Bücherregal.

Schließen Sie jeden Tag mit einem Rundgang ab

Wenn Sie am Abend durch die Räume gehen, um die Jalousien herunterzulassen, die Haustür abzuschließen und um die Lichter zu löschen, dann bringen Sie möglichst alle Utensilien an ihren Platz zurück. Diese kleinen Maßnahmen helfen Ihnen beim Aufräumen und Entrümpeln, ohne dass Sie viel dafür tun müssen.

Ordnung – so klappt es auch mit dem Partner

In Beziehungen stellt das Thema Ordnung häufig einen Streitpunkt dar. Die verschiedenen Vorstellungen, was Ordnung sein kann und in welchem Umfang Ordnung betrieben werden muss, kann Partner auf eine harte Probe stellen. Streit muss jedoch nicht zwingend die Folge sein.

Tipp 47 Verhandeln Sie ein Ordnungsprinzip mit dem Partner und legen Sie Bereiche fest. Wenn zwei Menschen, die zusammenleben oder zusammenarbeiten, sehr unterschiedliche Vorstellungen haben, was Ordnung betrifft, hilft nur eine Strategie: Verhandeln. Gegenseitige Schuldzuweisungen und Vorwürfe bringen Sie nämlich keinen Schritt weiter. Jeder Mensch hat eigene Ordnungsmaßstäbe, die er bei Bedarf hartnäckig verteidigen wird. Bei unterschiedlichen Positionen müssen sich beide Seiten zum Kompromiss bereit erklären. Der Ordnungsliebende wird also Großzügigkeit leben müssen, während der unordentliche Partner mehr Disziplin an den Tag legen muss. Am besten treffen Sie eine schriftliche Vereinbarung, auf die sich jeder im Zweifel berufen kann.

Aufgaben und Bereiche sinnvoll verteilen

In Büros oder Wohnungen ist es sinnvoll, verschiedene Ordnungsbereiche und -niveaus zu bestimmen. So sollten gewisse Räume, die von beiden gleichermaßen genutzt werden, natürlich ein höheres Maß an Ordnung aufweisen als etwa der Schreibtisch eines Chaoten. Keiner hat das Recht, allein das Ordnungslevel festzulegen. Ausgewogenheit ist das Ziel. Legen Sie auch diese Bereiche schriftlich fest. Und vermeiden

Sie dann jeglichen spöttischen Kommentar über die Ordnungsliebe oder Schlampigkeit des Partners. Was dem einen leichtfällt, bedeutet für den anderen große Überwindung.

Jeder macht das, was er am besten kann

Es ist sinnvoll, die Aufräumarbeiten zu verteilen. Wer Terminsachen gerne sofort erledigt, sollte sich also z. B. um den Papierkram wie das Bezahlen von Rechnungen kümmern. Wer lieber größere Aktionen übernimmt, kann sich zum Beispiel dem monatlichen Aufräumen des Kleiderschranks widmen.

> Vereinen Sie Ihre Stärken für einen geordneten Haushalt. Das würde auch Ihre jeweiligen Schwächen ausgleichen.

Jahreszeiten-Special: Tipps für jede Saison

Entrümpeln, Ausmisten und Aufräumen ist nicht an gewisse Zeiten gebunden. Je konstanter Sie Ordnung halten, umso weniger kann sich im Laufe der Wochen ansammeln. Trotzdem eignen sich die Jahreszeiten für bestimmte Entrümpelungsaktionen ganz besonders. Nicht umsonst wirbeln viele im Frühjahr durch ihre vier Wände und bringen alles auf Hochglanz. Die Sonne scheint durch frischgeputzte Fenster doch gleich viel freundlicher.

> Ein Frühjahrsputz ist die beste Gelegenheit, um das neue Jahr zu begrüßen.

Jede Jahreszeit hat ihren Lieblingsplatz

Das Frühjahr ist der ideale Zeitpunkt, um Balkone, Terrassen und Gärten auf Vordermann zu bringen. Ein blühender Balkon oder Garten steht für Vitalität und Lebensfreude. Schön gestaltet, schafft er zusätzlichen Wohnraum unter freiem Himmel.

Wenn später im Sommer draußen die Hitze brütet, ist die beste Zeit, um einen kühlen Ort aufzusuchen. Denn im Keller herrschen auch im Hochsommer angenehme

Temperaturen. Nutzen Sie die natürliche Klimazone, um den Keller einmal so richtig zu entrümpeln.

Werden dann die Tage allmählich kürzer und das Wetter schlechter, bietet es sich an, die Bücherregale richtig auszumisten. Menschen, die viel lesen und Bücher sammeln, trennen sich nur schwer davon. Das braucht Zeit, und im Herbst sollte es einige Wochenenden geben, die sich dafür anbieten.

Alte Gewohnheiten ablegen

Zum Jahresabschluss im Winter ist dann der allerbeste Zeitpunkt, um alte Gewohnheiten zu überdenken und eventuell sogar ganz abzulegen. Warum nicht Überholtes loslassen? Der Winter bietet sich an, um alte Sammlungen zu entwirren und aufzugeben. Bei solchen Sammlungen haben ja die Dinge häufig ein Eigenleben entwickelt. Oft kann man sich später gar nicht mehr an den Grund oder den Auslöser für das Ganze erinnern.

> Lange Winterabende sind ein idealer Zeitpunkt, um Sammlungen aufzulösen.

Entrümpeln im Frühling

Sie können sich glücklich schätzen, wenn Sie einen Garten oder wenigstens eine Terrasse oder einen Balkon besitzen. Wenn Sie neue Energie tanken und Stress abbauen wollen, sind diese Orte perfekt dafür. Doch die Außenflächen, die Sie benutzen, sollten so gestaltet sein, dass Sie sich dort gerne aufhalten und wohl fühlen. Wer sich mit Blumen und Pflanzen beschäftigt, bekommt die Zeit und Energie, die er in die Pflege dieser Außenflächen steckt, direkt zurück. Denn alles, was blüht, schenkt uns Freude.

Tipp 48 Begrüßen Sie das neue Jahr und bringen Sie Garten, Terrasse & Balkon wieder zum Erblühen! Pflanzen entfalten ihre positive Kraft in Innen- und Außenräumen gleichermaßen, vorausgesetzt sie sind gesund.

Bringen Sie neuen Schwung in Ihre Beete

Verblühte, vertrocknete oder kranke Pflanzen symbolisieren den lebensfeindlichen, erstarrten Aspekt des Seins, den wir nicht verstärken wollen. Entfernen Sie deshalb tote Gewächse, pflegen Sie kranke Pflanzen und bringen Sie diese wieder zum Blühen. Respektieren Sie die Pflanze, indem Sie auf ihre Bedürfnisse hinsichtlich Standort, Boden und Pflege Rücksicht nehmen. Ein abwechslungsreich gestalteter Garten ist eine Augenweide, aber nicht jede exotische Pflanze kann im hiesigen Klima gedeihen.

Bringen Sie die Gartenmöbel auf Vordermann. Reparieren Sie kaputte Teile, säubern Sie die Möbel und reinigen Sie die Polster. Inspizieren Sie auch die Pflanzenkübel und Gartengeräte. Mustern Sie regelmäßig defekte Dinge aus und reparieren Sie, was kaputtgegangen ist.

> Achten Sie auch darauf, dass die Wege und Rasenflächen frei von Ästen und altem Laub sind. Fegen Sie Ihre Terrasse oder Balkon.

Entrümpeln im Sommer

Natürlich ist der Keller durchaus auch ein geeigneter Ort, um verschiedene nützliche Dinge aufzubewahren, vorausgesetzt er ist trocken, belüftet und sauber. Diese Sachen sollten dort gereinigt und übersichtlich lagern. Weihnachtsschmuck, Skiausrüstung, Koffer, Vorräte. Nehmen Sie alles, was sich im Keller befindet, gründlich unter die Lupe und misten Sie aus. Alles, was Sie nicht mehr brauchen, was defekt ist oder seit vielen Jahren dort vor sich hin gammelt, kommt in Kiste 4.

Lassen Sie Ihren Keller nicht zum Aktenarchiv verkommen

Steuerunterlagen müssen zehn Jahre aufgehoben werden. Aber brauchen Sie wirklich noch die alten

Schulunterlagen? Verabschieden Sie sich davon, denn es ist wohl eher unwahrscheinlich, dass Sie irgendwann noch einmal reinschauen werden. Lassen Sie diesen vergangenen Lebensabschnitt hinter sich und wenden Sie sich Neuem zu!

Lagern Sie nur noch »Brauchbares« im Keller

Entrümpeln Sie den Keller und lagern Sie dort nur noch, was für Ihr Leben nützlich ist. Räumen Sie den Keller erst einmal aus, dabei sollte schon ein Teil auf dem Müll landen. Auch die Zeitspanne, in der die Sachen im Keller ihr Dasein gefristet haben, ist ein Kriterium, um über den Verbleib zu entscheiden. Was schon zu lange ungenutzt rumsteht, kann in Kiste 4.

Tipp 49 Was soll weg, was soll bleiben? Stellen Sie sich vor, Sie befinden sich nicht in Ihrem Keller, sondern in einem Trödelladen: Was von dem ganzen Krempel hätte noch einen Wert? Wofür würden Sie noch etwas bezahlen, weil Sie es unbedingt haben (also behalten) wollen?

Checken Sie zum Beispiel den Koffer. Sie stellen fest, dass der Verschluss kaputt ist, und damit ist sein Wert eigentlich gleich null. Was würde es kosten, ihn reparieren zu lassen? Würde sich das lohnen? Wenn ja, sollten Sie es gleich morgen erledigen. Falls der Koffer aber schon alt ist, muffig riecht und vom langen Aufenthalt im Keller ziemlich vergammelt ist, sollten Sie ihn schleunigst loswerden. Packen Sie das zerbrochene und verrostete Werkzeug am besten gleich hinein.

Entrümpeln im Herbst

Vielleicht stapeln sich die Bücher schon auf dem Boden und auf Kommoden, weil Sie nicht mehr wissen, wohin damit? Dann wird es höchste Zeit, sich von Überholtem zu trennen. Es fällt schwer, ein Buch auszusortieren und sogar in den Müll zu werfen. Trotzdem: Schrecken Sie nicht davor zurück. Jetzt im Herbst ist die beste Zeit dafür. Nutzen Sie die verregneten Wochenenden, Ihre gesammelten Bücher auszusortieren und neu zu ordnen.

Tipp 50 Die Blätter fallen! Misten Sie jetzt alle Bücherregale aus. Die Wahl funktioniert am besten so: Schauen Sie sich jedes Buch kurz an und fragen Sie sich, ob der Inhalt heute noch von Bedeutung für Sie ist oder ob Sie innerhalb der nächsten zwölf Monate noch einmal darin lesen werden. Falls die Antwort nein lautet, legen Sie das Buch sofort in Kiste 3 oder 4.

Wohin mit den aussortierten Büchern?

Gebrauchte Bücher können Sie in Krankenhaus- und Gefängnisbibliotheken oder Altenheimen abgeben. Fragen Sie jedoch vorher nach, ob Bedarf besteht. Vielleicht interessieren sich auch Bekannte oder Freunde für einige Ihrer aussortierten Bücher. Dann veranstalten Sie einen kleinen Bücherflohmarkt. Falls Ihre Bücher keine neuen Besitzer finden, bleiben Sie hart und lassen Sie los. Nach dem Ausmisten sollte wieder Platz für neue Bücher sein.

Tipp 51 Sie haben sich von vielen Büchern getrennt. Dabei stellen Sie fest, dass Sie mehr Platz in den Regalen haben. Wunderbar! Lassen Sie Lücken zwischen den Büchern und stellen Sie dazwischen dekorative Gegenstände wie Vasen, Fotos oder Figuren auf. Das lockert die Bücherwand auf und macht Lust aufs Lesen.

Entrümpeln im Winter

Plüschtiere und Kissen bevölkern die Couchgarnitur, Bierkrüge stapeln sich im Küchenschrank, Kochbücher quetschen sich in Bücherregalen, Porzellanfiguren tummeln sich in Vitrinen. So kann eine Sammelleidenschaft aussehen. Zur ersten Tierfigur kam die zweite, dann die dritte, und inzwischen ist die Zahl vielleicht dreistellig geworden, weil man selbst den unwiderstehlichen Drang verspürt, die Sammlung immer wieder zu ergänzen. Zwar ärgert sich der Sammler schon mal über den vielen Krempel, das umständliche und zeitintensive Saubermachen. Auch wird das Unterbringen allmählich zum Problem. Trotzdem, das Sammeln findet einfach kein Ende mehr.

> **Zu jedem Anlass bekommt man eine neue Figur, ob man will oder nicht.**

Was steckt hinter der Sammelleidenschaft?

Wenn Sie ein Sammler sind, sollten Sie sich fragen: Was repräsentiert meine Sammlung für mich? Wofür steht sie? Versuchen Sie herauszufinden, was das Sammeln für Sie bedeutet und welche Funktion es in Ihrem Leben erfüllt. Welche Bedürfnisse werden durch das Sammeln befriedigt? Wollen Sie zum Beispiel Wissen sammeln oder lesen Sie einfach nur viel?

Im Folgenden finden Sie einige Gründe, die sich hinter einer Sammelleidenschaft verbergen können:

* *Das Sammeln dient der Entspannung. Das stundenlange Durchforsten von Büchern, Nachschlagewerken,*

Galerien oder Ausstellungen, das Ordnen und Sortieren bedeuten auch eine kleine Flucht aus dem Alltag – im positiven Sinne.

* Die Sammlung schafft Kontakte und fördert die Kommunikation. Es ist leicht, Kontakt zu Gleichgesinnten herzustellen und zu halten. Sammler treffen sich auf Messen oder Ausstellungen, tauschen sich aus und fachsimpeln über ihre Sammlung. Das schafft sofort Gemeinsamkeit.

* Sammeln ist eine der ältesten Überlebensstrategien des Menschen: Um Notzeiten vorzubeugen, wurden die verschiedensten Dinge gesammelt: Nahrung, Waffen, Werkzeuge, Kräuter etc. Manche Sammlung entsteht noch heute mit dem Hintergedanken: »Mit diesem Vorrat kann mir nichts passieren.« Damit hat das Sammeln die Funktion, sich vorzubereiten. Vorbereitet zu sein bedeutet unter anderem, sich sicher zu fühlen und die Kontrolle nicht zu verlieren. Man ist gewappnet, was auch immer kommen wird. Wer aus diesem Bestreben sammelt, hat vielleicht Angst vor der Zukunft und Angst davor, Fehler zu machen. Diese Angst kann daran hindern, Entscheidungen zu treffen und sich von Dingen zu lösen.

* Die Sammlung soll eine generelle Unzufriedenheit kompensieren. Der Wunsch nach Ablenkung oder Beschäftigung hat sicher so manche Sammlung begründet. Doch damit begibt man sich in einen Teu-

felskreis: Sammeln bedeutet, einen Großteil der Aufmerksamkeit nach außen zu richten. Man ist mit Äußerlichkeiten beschäftigt, kann seine Zeit gut damit füllen. Gleichzeitig muss man sich dann nicht mit sich selbst beschäftigen. Wenn Sie sich von dem Krempel befreien, werden Sie viele neue Gedanken und Ideen bekommen, wie Sie Ihre Zeit sinnvoll füllen können.

* Durch das Sammeln entzieht man sich einer anderen Verantwortung. Das Sammeln kostet Zeit und Energie, wodurch natürlich andere Aufgaben vermieden werden können. Mit der Begründung, sich zurückziehen zu müssen, um sich seiner Sammlung zu widmen, gewinnt man vielleicht ein Stück Privatsphäre oder Spielwiese zurück. Das ist nachvollziehbar, um sein Gleichgewicht zu gewinnen oder einer Überforderung vorzubeugen. Besser ist es allerdings, wenn man offener mit Anforderungen umgehen kann.

* Durch die Sammlung sucht man nach Bestätigung. Der Anblick einer schönen, großen oder außergewöhnlichen Sammlung erfreut die Sammler nicht nur selbst. Oft erfahren sie auch Bestätigung durch andere, die von der Sammlung beeindruckt sind. Durch eine Sammlung möchte man etwas Besonderes sein. Wer loslässt und sich davon befreit, gibt sich selbst die Chance, neue Erfahrungen zu machen. Vielleicht können Sie ohne die

Sammlung auf ganz anderen Gebieten wahres Selbstwertgefühl erfahren?

Lassen Sie Neues zu

Die Antwort auf die wahren Motive, die hinter einer Sammelleidenschaft stecken, muss jeder für sich selbst finden. Aber fest steht, dass eine Sammlung für ein konkretes Bedürfnis steht, das im aktuellen Leben nicht erfüllt wird oder dessen sich der Sammler gar nicht bewusst ist.

Die Aufforderung, sich von einer Sammlung zu trennen, kann große Ängste oder Zorn auslösen. Doch gerade diese intensiven Gefühle machen deutlich, welche »Aussage« eigentlich in der Sammlung versteckt ist. Lassen Sie sich Zeit mit der Analyse, aber bleiben Sie am Ball.

> Solange die Hintergründe nicht klar sind, können wir uns auch von der Sammlung nicht trennen.

Raus aus dem Sammelzwang!

Wollen Sie versuchen, sich von Ihrer Sammlung zu trennen? Überstürzen Sie nichts! Sammelwütige sollten sich zuerst innerlich von ihren liebgewonnenen Dingen verabschieden, bevor sie ans praktische Ausmisten gehen. Vielleicht gelingt Ihnen das Loslassen in kleinen Schritten, und Sie beginnen damit, die Sammlung Stück für Stück zu verschenken. Je kleiner sie wird, umso leichter fällt der Abschied.

Tipp 52 Vielleicht können Sie die Sammlung zuerst einmal in Kisten verpacken und verstauen, für eine Art Trennung auf Zeit. Nach einiger Zeit können Sie diese Kisten dann leichten Herzens entsorgen. Das Loslassen ermutigt zu neuen Entscheidungen und Erfahrungen. Geben Sie sich also einen Ruck, ignorieren Sie die Kiste 1 und verteilen Sie Ihre Sammlungen auf Kiste 2, 3 und vielleicht sogar 4.

Qualität statt Quantität

Behandeln Sie von nun an Ihr Gerümpel nach dem Motto »weniger ist mehr«! Wir sind oft geneigt, das Glück im Mehr zu suchen. Aber je mehr wir besitzen und ansammeln, umso mehr beschränken wir unsere Entwicklungsmöglichkeiten. Denn Besitz kann belasten, zu viel davon kann uns sogar erdrücken. Wenn wir versuchen, durch Besitz mehr Selbstwertgefühl zu erlangen, wird uns das nicht gelingen.

Konzentrieren Sie sich auf das Wesentliche

Was wir festhalten, anhäufen und sammeln, wird irgendwann zur Belastung. Viele Dinge zu besitzen raubt Zeit und Flexibilität. Glück hat nichts mit der Menge zu tun, sondern mit dem Wesentlichen. Berücksichtigen Sie das auch zukünftig bei den Dingen die Sie neu kaufen. Wählen Sie gezielt aus und kaufen Sie nur Sachen, die Sie wirklich gebrauchen oder an denen Sie sich freuen können. Nur die Qualität zählt, nicht die Quantität.

Nach dem Entrümpeln: Ein Gefühl der Harmonie

Durch das Ausmisten und Aufräumen haben Sie alles in Ihrem Zuhause auf den Kopf gestellt: Genießen Sie die neue Ordnung und den Platz und freuen Sie sich über das Erreichte. Durch die richtigen Korrekturen in Ihrer direkten Umgebung haben Sie die Weichen gestellt für ein harmonisches Gleichgewicht, das direkt auf Ihr Wohlbefinden wirkt. Nun wohnen Sie so, wie Sie sind und wie Sie sein wollen. Nicht die Dinge beherrschen Sie, sondern umgekehrt.

Sie haben sich selbst neu erfunden

Beim Ausmisten haben Sie herausgefunden, welche Dinge überflüssig sind und welche wichtig sind. Sie haben behalten oder losgelassen. Die Entscheidung fiel ohne Zwang, sie kam direkt aus Ihrem Herzen. Denn bei allem, was Sie in den vergangenen Tagen weggeworfen oder beiseitegelegt haben, standen Sie im Mittelpunkt. Sie haben entschieden, was zu Ihnen passt, was für Sie von Bedeutung ist und was nicht.

> Sie sind nur noch umgeben von Dingen, die Ihnen wirklich wichtig sind.

Sie haben etwas Neues dazugewonnen

Und auch mehr Zeit für sich haben Sie durch das Ausmisten gewonnen. Indem Sie das Überflüssige vom Wichtigen getrennt haben, haben Sie automatisch auch mehr Zeit für das bekommen, was Ihnen wirklich wichtig ist. Vorbei ist die zeitraubende Suche im überquellenden Kleiderschrank, das zeitintensive Pflegen einer Sammlung, das zeitfressende Aufräumen und Saubermachen all der überflüssigen Dinge in der Wohnung.

Jetzt können Sie sich anderen Dingen widmen: sich selbst, Ihren Hobbys, Ihren Lieben . . .

> Durch die wiederhergestellte Ordnung finden Sie vieles schneller in Ihrer Wohnung.

Abschied von alten Träumen

Beim Ausmisten des Kleiderschranks haben Sie neben einigen Kleidungsstücken auch unerfüllbare Wünsche losgelassen. Sie werden nie mehr in die alte Jeans passen, na und? Jetzt, ohne die Hose, die wie eine ständige Anklage im Schrank hing, haben Sie Platz und Entspannung gewonnen. Heute ist die Figur eben anders, und das ist gut so. Jetzt können Sie sich besser akzeptieren und sagen: Ich bin, wie ich bin!

Beim Entrümpeln des Speichers mussten die alten Tennisschläger dran glauben. Dabei haben Sie nicht nur Platz gemacht, sondern auch den Kopf frei bekommen. Sie haben seit Jahren nicht mehr gespielt, und mit einer Profikarriere war nun wirklich nicht mehr zu rechnen, auch wenn Sie früher mal richtig gut waren. Beim Wegwerfen sind vielleicht ein paar Illusionen zerplatzt und Sie haben wehmütig geseufzt: »Wie die Zeit vergeht.« Aber dafür können Sie sich nun neuen Dingen zuwenden, zum Beispiel einer neuen Sportart, die Ihrem Alter und Ihrer Fitness mehr entspricht. Diese Liste können Sie beliebig fortsetzen.

Nichts ist für die Ewigkeit

Beim Entrümpeln haben Sie eines gelernt: Die Zufriedenheit ist nicht für immer und ewig an Sachen gebunden. Manches verschwindet von selbst, manches gibt man freiwillig weg, und dafür kommt garantiert etwas Neues ins Leben.

Literatur

Gibson, Katherine; Buchwald, Maria: Aufgeräumt macht glücklich: Der kleine Entrümpelungs-Ratgeber, Herder Verlag, Freiburg 2007

Kingston, Karen: Feng-Shui gegen das Gerümpel des Alltags, Rowohlt Taschenbuch, Reinbek 2003

Münchhausen, Marco von: Entrümpeln mit dem inneren Schweinehund, Gräfe und Unzer Verlag, München 2006

Roth, Susanne: Einfach aufgeräumt! In 24 Stunden mit der *simplify*-Methode das Chaos besiegen, Campus Verlag, Frankfurt a. M. 2008

Townley Ewer, Cynthia; Knophius, Heike; Panzacchi, Cornelia: Nie wieder Chaos! So bekommen Sie Ihren Haushalt in den Griff, Dorling Kindersley Verlag, München 2007

Register

So gehen Ihre Vorsätze in Erfüllung

Birgit Kaltenthaler
Stop – Schluss mit Naschen

Die meisten Diäten scheitern an der unkontrollierten Naschsucht.
Dieser Ratgeber zeigt, wie jeder den Heißhunger auf Süßes
endgültig in den Griff bekommt:

- *Fünf wirksame Strategien mit vielen praktischen Tipps
zur Senkung des Blutzuckerspiegels*
- *Mit Lexikon der Süßungsmittel von A bis Z*

Stefan Back
Stop – Schluss mit Rauchen

Ab sofort Nichtraucher – so geht's:

- *Ohne Hilfsmittel oder Methode: entscheidend ist die
richtige Einstellung*
- *Keine Angst vor Gewichtszunahme und Entzugserscheinungen*
- *Anerkanntes Mentalkonzept in Fachkreisen –
auch bei Allen-Carr-Anhängern, die rückfällig geworden sind*

Birgit Kaltenthaler
Stop – Schluss mit Stress

Stress und Hektik machen krank, Ruhe und innere Balance
verlängern das Leben. Dieser Ratgeber zeigt, wie jeder dem
nächsten Jahr relaxt entgegensehen kann:

- *52 Entspannungstipps, die leicht durchzuführen und trotzdem
höchst effektiv sind*
- *Mit Lockerungsübungen, Fußzonenreflexmassage, Meditation und
Tipps für Zeitmanagement, Balance-Food, Schlummertees und
Einschlaftipps*

Knaur Taschenbuch Verlag